Schriften des deutschen Vereins

für

Armenpflege und Wohlthätigkeit.

Dreißigstes Heft.

Hauser und Münsterberg, Die Fürsorge für Wöchnerinnen
und deren Angehörige.

Leipzig,
Verlag von Duncker & Humblot.
1897.

Die

Fürsorge für Wöchnerinnen

und

deren Angehörige.

Zwei Berichte

erstattet im Auftrage des Vereins

von

Medizinalrat Dr. med. Hauser und Bürgermeister a. D. Dr. jur. Münsterberg
in Donaueschingen,   in Berlin.

Leipzig,
Verlag von Duncker & Humblot.
1897.

Alle Rechte vorbehalten.

Über Wochenbettpflege und ihre Beziehungen zur öffentlichen Armenpflege.

Referat von Medizinalrat Dr. Hauser in Donaueschingen.

Wenn ich mir gestatte, vor dem Forum des Deutschen Vereins für Armenpflege und Wohlthätigkeit das Kapitel „Wochenbettpflege" zu behandeln, so geschieht dies aus einem doppelten Grunde: einmal, weil ich weiß, daß es wesentlich die socialpolitischen Gesichtspunkte sind, von welchen aus die hier aufgeworfenen Einzelfragen aufgefaßt zu werden pflegen, und dann, weil ich die volle Überzeugung habe, daß gerade auch einer allseitigen und gerechten Würdigung der Wochenbettpflege in ihren Beziehungen zur öffentlichen Armen- und Wohlthätigkeitspflege eine ganz eminent socialpolitische Bedeutung innewohnt.

Die sogenannte Frauenfrage war man bisher gewohnt fast rein nur vom materiell-socialen Standpunkt anzusehen; schier wunderlich; die gesundheitliche Seite derselben als solche kam fast nie, oder, wenn je einmal, immer nur so beiläufig in Frage; und doch dünkt mir gerade diese der Stütz- und Kernpunkt, oder doch wenigstens einer der wichtigsten Punkte derselben für die Gesamtfrage zu sein: Die vielfachen bisher in unserer Frauenwelt schlummernden, latenten Kräfte für die heute fast ausschließlich von der Männerwelt occupierten Arbeitsgebiete mobil zu machen, wird und kann selbstredend mit Dauererfolg nur dann gelingen, wenn es möglich ist, mit körperlich intakten Frauenkräften diese Invasion in das zu erobernde Gebiet durchzuführen, und die Eroberung ohne zu rasche Konsumtion der Kräfte, ohne wesentliche Einbuße an gesundheitlichem Vermögen, festzuhalten.

Aber auch dann, wenn wir von der Berechtigung oder Nichtberechtigung des socialen Zukunftstraumes unserer Frauenwelt, von der Durchführbarkeit oder Nichtdurchführbarkeit desselben absehen, erscheint seit des großen Gesetzgebers Lykurgs Zeiten bis auf unsere Tage die Erhaltung der Gesundheit der Frau als eine so wichtige Aufgabe jeder Kulturzeit und jeglichen Staates, daß es gewiß berechtigt ist, einmal vor dieser, dem Allgemeinwohl ausschließ=

lich geltenden illustren Versammlung einen der wichtigsten, die Frauengesundheit wie die öffentliche Armenpflege in gleichem Maße tangierenden Faktor herauszugreifen und zum Gegenstand wohlwollender und fruchtbarer Diskussion zu machen, — die Wochenbettpflege.

Durch nichts wird die Gesundheit des Weibes mehr gefährdet, wie durch die bei und nach der Niederkunft sich abspielenden Vorgänge, und so unzweifelhaft auch diese selbst innerhalb der Breitegrade physiologischer Gesundheit gelegen sind, die Gefahr, hiebei Gesundheit und Leben einzubüßen, ist eine ganz bedeutende; das lehrt bis heute die ganze Geschichte der Geburtshilfe, das — leider auch heute noch — die tagtägliche Erfahrung.

Zum Glück indessen sind die Noxen, welche diese Gefahr bedingen, keine nebelhaften, materiell unfaßbaren Dinge, sondern für unser heutiges Wissen und Können greifbare Größen; wir vermögen infolgedessen die Gefahr selbst auf ein Minimum zu reduzieren, und wenn wir wissenschaftlich und technisch dieses können, und dann auf der andern Seite sehen, daß trotzdem alljährlich noch Tausende von Menschenleben thatsächlich zu Grunde gehen, daß mit diesen Menschenleben unendlich viel Familienglück und Wohlstand, und mit diesem Unsummen von Nationalvermögen tief geschädigt werden, dann, denke ich, sind wir auf dem Punkte angekommen, wo wir uns sagen müssen, daß es nicht nur eine heilige Pflicht der Humanität, sondern der socialen Selbsterhaltung ist, hier helfend einzugreifen.

"Sociale Bewegungen" sagt Brennecke[1], "erwachsen stets aus dem lebhaft empfundenen Mißverhältnis vorhandener socialer Zustände zu irgend einer neuerrungenen wissenschaftlichen oder ethischen Einsicht." Dieser Gedanke mag die Ursache sein, weshalb so spät erst, zunächst in wissenschaftlichen Fachkreisen, und dann, ganz allmählich nur, in der Öffentlichkeit jene Bewegung entstand, welche auf der einen Seite auf die Möglichkeit und Notwendigkeit ersprießlicherer Leistungen, auf der anderen Seite auf Notstände auf dem uns heute beschäftigenden Gebiete hinwies, von deren Tiefe man bisher in der breiten Menge wenigstens keine Ahnung hatte. Es bedurfte, abgesehen von oder vielleicht trotz des Mahnrufes eines der verdientesten Ärzte dieses Jahrhunderts, Semmelweis[2], der Errungenschaften unseres heutzutage jedem Laien bekannten antiseptischen und aseptischen chirurgisch-ärztlichen Handelns, um auf der einen Seite mit einem gewissen Schaudern zu erfahren, daß in Preußen allein vom Jahre 1816 bis 1876 — sage mit Worten — dreihundertdreiundsechzigtausend 624 Frauen am Kindbettfieber, also mehr Frauen in dieser Zeit im Wochenbett, als während derselben Zeit Menschen an Blattern

---

[1] Dr. Brennecke, Die sociale Bewegung auf geburtshilflichem Gebiete während der letzten Jahrzehnte. Halle a. S. 1896.

[2] Semmelweis, Ignaz Philipp, geboren 1818 in Ofen, gestorben 1865 als Professor der Geburtshilfe in Prag, entdeckte bereits 1848 die wirklichen Ursachen des in damaliger Zeit und lange nachher noch in den Wiener und anderen Gebärkliniken furchtbar hausenden (von 11—31 % sich bezifffernde Mortalität) Kindbettfiebers in der Einschleppung von Ansteckungsstoffen von außen in die Geburtsteile der Frauen, wurde indessen lange verkannt, und starb, ohne den schließlichen Sieg der von ihm aufgestellten wichtigen Principien mit Einführung der Anti- und Aseptik in das ärztlich-geburtshilfliche Handeln erlebt zu haben.

und Cholera zusammen, gestorben waren[1], um auf der andern Seite zu erkennen, daß dieses Sterben, und mit ihm natürlich das entsprechend noch viel häufigere Erkranken[2] im Wochenbett, bei richtigem Handeln vermeidbar ist. An dieses Erkennen reihte sich alsdann jene Bewegung an, welche unter der Führung von Männern wie Löhlein[3], Martin[4] und des bereits erwähnten besonders verdienten Rufers im Streite — Brennecke[5] —, ferner von Schatz[6], Fritsch[7], Frommel[8], Hönck[9] u. a. m. dahin ging, nicht nur unsere alltägliche breite Privatgeburtshilfe, sondern vor allem auch unsere Wochenbettpflege im richtigen hygieinischen Sinne und in einer eines Kulturstaates des 19. Jahrhunderts würdigen Weise umzugestalten; und wenn wir heute mit der Bitte um helfende Mitarbeit an den Bestrebungen zur Verbesserung speciell unserer Wochenbettshygieine an die Öffentlichkeit herantreten, so geschieht es deshalb, weil wir, und mit uns weite Fach- wie Laienkreise, die Überzeugung haben, daß das, was auf diesem Gebiete wesentlich nur von seiten der Privatwohlthätigkeit geschah und geschieht, nicht mehr genügt, daß wir zur Erreichung des uns vorgesteckten Zieles der Mithilfe der Faktoren breiterer Öffentlichkeit, besonders der öffentlichen Armenpflege dringend bedürfen.

Das eigentliche Thema unserer heutigen Versammlung enthält seinem Wortlaut nach nur die Wochenbettpflege; aber man wird es auch vom Laienstandpunkt verständlich finden, wenn ich sage, daß, gleichwie ein gesundes Wochenbett nur auf einer gesundheitsgemäßen Niederkunft sich aufbaut, so auch die Frage der Wochenbettshygieine unverständlich bleibt ohne gleichzeitige Berührung jener der Geburtshygieine, und daß daher, wollen wir anders zu einem allseitig befriedigenden und vollständigen Schlußergebnis kommen, es nicht nur gestattet sein muß, daß ich auf der einen Seite neben den Notständen auf dem Gebiete der Wochenbettpflege auch auf jene der Geburtshilfe hinzeige, auf welchen diese zum Teil ursächlich fußen, sondern auch, daß ich auf der andern Seite folgerichtig die öffentliche Mithilfe beiderlei Notständen gegenüber mir erbitte.

Etwa 95% aller Geburten werden, wie statistisch leicht nachweisbar und erwiesen ist, von den Hebammen geleitet[10]; wenn also auf dem Gebiete der Geburtshygieine wesentliche Schädigungen von Gesundheit und Leben zu

---

[1] Ergebnis der statistschen Forschung der 1878 eingesetzten Berliner Puerperalfieberkommission s. Brennecke l. c. p. 17.
[2] Brennecke schätzt die Anzahl dieser Erkrankungen auf über 1 000 000.
[3] Löhlein, Über Wöchnerinnenpflege. D. med. Wochenschrift 1888 Nr. 6 u. 26.
[4] H. Martin, Wie kann unsere Frauenwelt bei einer notwendigen Reform des Hebammenwesens helfend eingreifen? Berlin 1888.
[5] Brennecke, Außer l. c.: „Beiträge zur Reform des Hebammenwesens." 2. Aufl. 1888. — „Die sociale und geburtshilfliche reformatorische Bedeutung der Wöchnerinnenasyle" 1888; ferner „Bauet Wöchnerinnenasyle." Magdeburg 1888, sowie „Die Errichtung von Heimstätten für Wöchnerinnen." Braunschweig 1897.
[6] Schatz, „Über die Organisation des Hebammenwesens." D. med. Wochenschr. 1895. O. A. 171 V.
[7] Fritsch, Hebammenreform, Arch. f. Gynäk. XLIX, 1. p. 75 1895.
[8] Frommel, Prophylaxe des Wochenbettfiebers. D. med. Wochenschrift 1892.
[9] Hönck, Hamburg. „Ein Beitrag zur Hebammenfrage" ibid. p. 249.
[10] Brennecke, Errichtung von Heimstätten für Wöchnerinnen 1897 p. 6.

Tage treten, so liegt der Schluß nahe, hiefür in erster Linie die Hebammen, den Hebammenstand, sowie jene Verhältnisse verantwortlich zu machen, welche diesen Stand, so wie er ist, geschaffen haben und erhalten; es ist aber auch der weitere Schluß berechtigt, daß, falls dieses richtig, hier hauptsächlich einzusetzen ist, wenn Besserung erzielt werden soll. Gegen die Richtigkeit dieser Schlüsse wird im allgemeinen nichts einzuwenden sein, vorausgesetzt, daß die Basis derselben — die Mißstände — in der That vorhanden sind.

Zahlen beweisen, und auf Grund solcher unumstößlicher Zahlen ist dieser Beweis mehr wie genügend geliefert: Selbst wenn wir davon absehen, daß, wie ich bereits erwähnte, in Preußen allein die genannte erschreckende Unsumme von Frauenleben während der Jahre 1816—1876 zu Grunde gegangen ist, und wenn ich den etwa daran sich knüpfenden Schluß als zulässig erachte, daß diese Todesfälle eben auf die Mängel der alten Zeit und der alten Schule zu schreiben sind, müssen wir gestehen, daß auch die Ziffern, welche die heutige Mortalität im Kindbett und ganz speciell an dem vermeidbaren Kindbettfieber aufweist, noch immer eine schreckliche und bedenkliche Höhe erreichen. Es kann nicht meine Aufgabe sein, hier durch die Vorführung langer und langweiliger statistischer Zahlenreihen zu ermüden, — wer sich etwa dafür interessiert, den verweise ich auf den hier beigedruckten kurzen Auszug aus den diesbezüglichen von Brennecke[1] zusammengestellten Tabellen, aus den interessanten Zusammenstellungen über Puerperalmortalität von Dohrn[2], aus den neuern medizinisch-statistischen

---

[1] Brennecke, Die Errichtung von Heimstätten für Wöchnerinnen:
    a. Es starben in Preußen im Kindbett überhaupt,
       1874: 8992 Frauen oder von den Gebärenden 0,86 %;
       1884: 7154 = = = = = 0,67 %;
       1893: 6740 = = = = = 0,57 %:
       speciell am Kindbettfieber
       1874: 7086 oder von den Gebärenden 0,681 %,
       1884: 5606 = = = = = 0,519 %,
       1893: 5299 = = = = = 0,448 %.
    b. Es starben in Preußen in den Stadtgemeinden im Kindbett überhaupt,
       1886: 1785 Frauen oder 0,45 % derselben,
       1893: 1694 = = 0,38 % =
    c. Es starben in Preußen in den Landgemeinden im Kindbett überhaupt
       1886: 4461 Frauen oder 0,62 % derselben,
       1893: 4092 = = 0,54 % =
    d. Es starben in Preußen in den Entbindungsanstalten
       im Kindbett überhaupt   speciell am Kindbettfieber
      1881: 98 Frauen oder 1,45 %   54 Frauen oder 0,79 %
      1891: 102 = = 0,88 %   44 = = 0,50 %.

[2] Dohrn, Verhandlungen der Deutsch. Ges. f. Gynäkol. IV. Kongreß 1891 in Bonn, Leipzig 1892.
    Es starben von sämtlichen Wöchnerinnen
    a. in Preußen 1820: 0,9 %, 1840: 0,78 %, 1850: 0,79 %, 1860: 0,78 %, 1870: 0,83 %, 1880: 0,58 %,
    b. in Sachsen 1885: 0,78 %, 1887: 0,62 %, 1889: 0,64 %,
    c. in Baden (nach Hegar) 1873: 0,93 %, 1879: 0,68 %, 1887: 0,67 %,
    d. in den deutschen Entbindungsanstalten 1877: 0,7 %, 1880: 1,0 %, 1884: 0,45 %.

Über Wochenbettpflege und ihre Beziehungen zur öffentlichen Armenpflege. 5

Angaben aus Baden[1], Württemberg[2], Bayern[3] und Sachsen[4] — es muß genügen, die Schlußergebnisse all dieser teilweise recht mühevollen statistischen Erhebungen dahin zu präcisieren, daß ich sage: Wenn es auch gelungen ist, die noch vor 30 und mehr Jahren geradezu erschreckenden, die gesundheitlichen Verwüstungen des Kindbettfiebers darstellenden Zahlen zunächst in den öffentlichen Entbindungsanstalten und zuletzt auch in der privaten Geburtshilfe nicht unwesentlich zu reduzieren, wenn aller Dank und alle Anerkennung den Sanitätsbehörden gebührt für die erfolgreiche Einwirkung auf die beteiligten geburtshilflichen Faktoren, namentlich auf den Hebammenstand, so bleibt dennoch als bewiesen übrig, daß die Zahl der an Kindbettfieber alljährlich sterbenden Frauen immerhin in Deutschland noch erheblich genug ist, um auch vor dieser reduzierten Zahl noch ein leichtes Gruseln zu empfinden. Diese Zahl beträgt, selbst dann, wenn wir annehmen wollen, daß die Mortalität an Kindbettfieber überall ähnlich wie in Baden, Bayern, Sachsen u. s. f., allmählich von 0,5 und 0,6 % auf 0,2 % etwa in den letzten Jahren zurückgegangen ist, immerhin noch etwa 4—5000[5], und, zählen Sie nun zu

---

[1] Die Statistik der Bevölkerung sowie die medizinische und geburtshilfliche Statistik für das Großherzogtum Baden für das Jahr 1894.

Es erkrankten an Kindbettfieber
1885: 476 Frauen und starben 252 oder 0, 46 %, von den Erkrankten 58,3 %,
1894: 413   =   =   117   =   0,209 %,   =   28,3 %,
1885/94 durchschnittlich 463 Frauen und starben 174 oder 0,31 % von den Erkrankten 37,5 %.

[2] Pfeilsticker, Medizinalbericht von Württemberg für das Jahr 1894. Stuttgart 1896. Die Zahl der Gebärenden betrug 70494, davon starben an Kindbettfieber 174 oder 0,24 %.

[3] Generalbericht über die Sanitätsverwaltung im Königreich Bayern über die Jahre 1891—1894 erschienen 1893—1896. München, Bassermann.

Es erkrankten an Kindbettfieber
1891: 923 Frauen von 209 570 Entbundenen oder 0,44 % und starben 520 oder 56 % der Erkrankten und 0,248 % der Entbundenen.
1892: 775 Frauen von 207 630 Entbundenen oder 0,37 % und starben 448 oder 57 % der Erkrankten und 0,216 % der Entbundenen.
1893: 814 Frauen von 213 877 Entbundenen oder 0,38 % und starben 533 oder 65 % der Erkrankten und 0,249 % der Entbundenen.
1894: 652 Frauen von 210 583 Entbundenen oder 0,36 % und starben 403 oder 61 % der Erkrankten und 0,191 % oder Entbundenen.

[4] Brennecke, Heimstätten u. s. w. p. 32.
Nach dieser Tabelle starben in Sachsen
1883 von 130 663 Wöchnerinnen im Kindbett überhaupt 903 Frauen oder 0,69 %, an Kindbettfieber 403 oder 0,30 %.
1891 von 151 076 Wöchnerinnen im Kindbett überhaupt 874 Frauen oder 0,57 %, an Kindbettfieber 336 oder 0,22 %.
1892 von 147 599 Wöchnerinnen im Kindbett überhaupt 861 Frauen oder 0,59 %, an Kindbettfieber 355 oder 24 %.
1893 von 151 293 Wöchnerinnen im Kindbett überhaupt 1014 Frauen oder 0,67 %, an Kindbettfieber 386 oder 0,25 %.
1894 von 150 741 Wöchnerinnen im Kindbett überhaupt 768 Frauen oder 0,51 %, an Kindbettfieber 301 oder 0,22 %.

[5] Diese statistischen Ergebnisse und die Vergleichung derselben aus verschiedenen Ländern haben selbstredend nur einen relativen Wert, da die Art ihrer Ermittlungen keine einheitlich geregelte ist. Brennecke schätzt aus diesem Grunde die Mortalität in Preußen als die Ergebnisse des offiziellen statistischen

dieser Summe der jährlichen Gestorbenen jene der am Kindbettfieber Erkrankten und nicht Gestorbenen, die etwa das dreifache der Toten betragen mag, hinzu, so können Sie sich, ungefähr wenigstens, ein Bild machen von dem Elend und der gesundheitlichen Verwüstung, welche diese, wie die Erfahrungen unserer gutgeleiteten Gebäranstalten lehren[1], nahezu ganz vermeidbare Wochenbettkrankheit auch heute noch trotz aller gewiß ja erfreulichen Fortschritte in unseren Wochenstuben anrichtet.

Es wäre nun Unrecht zu behaupten, daß an diesem Mißstand die Hebammen ganz allein nur die Schuld tragen; ein Teil derselben fällt unleugbar auf die Ärzte[2,3], aber der weitaus größte Teil ist es doch, der auf ihr Konto allein zu setzen ist, und der verschwinden würde und müßte, wenn, was wir hoffen und erstreben müssen, es je gelingen sollte, den Hebammenstand auf diejenige Höhe zu bringen, auf welcher er, der Größe und Bedeutung seiner Aufgabe entsprechend, stehen sollte.

Daß er heute, trotz aller zum Teil, wie wir gesehen haben und nicht leugnen wollen, ja auch erfolgreichen Besserungsbestrebungen, nicht auf derselben steht, wer kann es leugnen, und wer wird sich darüber, der die Verhältnisse aus eigner Erfahrung und Anschauung kennt, wundern? Sich rekrutierend zumeist aus der untersten, mit der Not des Lebens kämpfenden Schichte der Bevölkerung, zur Ergreifung des Berufes sich entschließend selten nur aus Lust und Liebe, sondern dem äußern Zwang gehorchend[4], von den Gemeinden aus den eigennützigsten und thörichtesten Gründen dazu ausersehen, direkt von der Ackerscholle und aus dem Stall heraus, kommen die Kandidatinnen in den Lehrkurs, um hier innerhalb weniger Monate, deren Zahl sich in den Hebammenschulen Deutschlands zwischen 2 und 9 bewegt[5], das gelehrt zu erhalten, wozu die Kandidaten der Medizin zwei Jahre, also ebenso viele Zeit brauchen, als in Italien und Holland thatsächlich auf die

---

Bureaus um 0,1—0,15 % überragend und nimmt infolgedessen an, daß in Preußen allein noch alljährlich 5750—6900 Frauen an Puerperalfieber sterben; diese Zahlen würden den oben erwähnten auszüglichen Angaben nach den sogenannten Ehlersschen Ermittlungen nahe kommen; indessen ist doch wohl anzunehmen, daß auch in Preußen in den letzten 2—3 Jahren ähnlich wie in Baden, Bayern u. s. w. die Verhältnisse sich gebessert haben: sichere Angaben hiefür standen mir jedoch nicht zu Gebote.

[1] Die Mortalität der Wöchnerinnen in den Gebäranstalten, die nach obigen Ziffern jene der Privatgeburtshilfe überragt, reduziert Brennecke — l. c. p. 5 u. ff. — unter Anrechnung und Berücksichtigung der in denselben besonders ungünstigen Verhälnisse sicherlich mit Recht auf 0,1—0,15 % als den Anstalten selbst zur Last fallend.

[2] Vgl. Bockelman, Über den gegenwärtigen Stand der prophylakt. Antisepsis in der Geburtshilfe. — Sammlung zwangloser Abhandlungen auf dem Gebiete der Frauenheilkunde und der Geburtshilfe von Gräfe. Heft 1. Halle 1896; ferner die Diskussion über Betrieb der praktischen Geburtshilfe auf dem IV. Kongreß d. D. Ges. f. Gynäk. Leipzig 1892; ferner:

[3] Hegar, Zur geburtshilflichen Statistik in Preußen und zur Hebammenfrage p. 5.

[4] Vgl. Klein, Das Hebammenwesen in Deutschland, München. Med. W. Schr. 1894. Nach Klein waren von 42 Schülerinnen 31 aus „Not" Hebammen geworden; ähnliche Erfahrungen machen wohl alle Hebammenschulen.

[5] Nach Klein — l. c. ferner dem Deutschen Hebammenkalender pro 1897 beträgt die Dauer des Lehrkurses:

Ausbildung der Hebammen verwendet werden soll. In dieser, an manchen Schulen fraglos zu kurzen Ausbildungszeit gelingt es, die Schülerinnen zu einem richtigen geistigen Verdauen des theoretisch Gelernten zu bringen, wie Schatz[1] richtig bemerkt, bei dem intelligenten Drittel derselben, bei den übrigen, also der Mehrzahl, bleibt der theoretische wie praktische Unterricht vielfach ein äußerer Prüfungsdrill, der nicht in Fleisch und Blut übergegangen, nicht zum wirklichen geistigen Besitz geworden ist, in der rauhen Praxis also recht bald wieder verloren geht. Von einem Teil der mechanisch eingetrichterten Theorien ist dieses ja auch kein besonderer Schade, verhängnisvoll aber und von größter Bedeutung ist der Verlust, wenn es sich um wesentliche Dinge, um gewisse praktische Maßnahmen, und vor allem um jenen geistigen und technischen Besitz handelt, der das sogenannte antiseptische und aseptische Verfahren am Geburts- und im Wochenbett in sich schließt, von dessen richtiger Durchführung vor allem die Frage, ob Kindbettfieber auftritt oder nicht, abhängt.

Die Praxis ist des beruflichen Lebens beste Schule; dieses gilt sicher von allen Berufsarten, und vor allem auch von sittlich und intellektuell hochstehenden und strebsamen Menschen; im Hebammenberuf ist dieses selten, vielfach aber das Gegenteil der Fall; auch die von der Schule aus Besseren und Besten degenerieren manchmal, d. h. sie werden gegenüber dem Ernste ihres Berufes gleichgültig, und darum untüchtig. Und ist dieses so sehr zu verwundern? Ich glaube nicht, wenn man aus Erfahrung die Verhältnisse kennt, in welche die rauhe Wirklichkeit auch die mit den besten Vorsätzen und dem tüchtigsten Wissen und Können in das berufliche Leben Eintretenden versetzt: die boshafteste, mit gemeinsten Mitteln niederer Klatscherei kämpfende Konkurrenz, eine rohe, urdumme, am Aberglauben hängende Klientel, welche mißtrauisch jede auf Reinlichkeit und Desinfektion abzielende Maßregel der jungen Hebamme als schädliche und lästige Quälerei empfindet, manchmal auch über Aseptik recht sonderbar denkende und darnach handelnde Ärzte, vor allem aber die unwürdige niedere social-ethische und materielle Berufsstellung, das sind die Faktoren, welche dieses Degenerieren in wenigen Jahren, wohl etwas hintangehalten und verzögert durch unsere alljährlichen Hebammenprüfungen, durch Prämiierung, durch Loben, Tadeln, Warnen und Strafen, selten oder niemals aber gänzlich verhindert, zustande bringen.

Die schlimmsten dieser Faktoren sind unzweifelhaft die genannten letzten

2	Monate in	1	Schule	nämlich in Lippe,
3½	=	= 2	Schulen	= Jena und Stuttgart,
4	=	= 7	=	= Baden (3) und Bayern (4),
4½	=	= 1	=	= Gotha,
5—5½	=	= 3	=	= Paderborn,
6	=	= 16	=	= Preußen (11), Sachsen und Hessen (je 2) und Hamburg (1),
7	=	= 2	=	= Oppeln und Breslau (Preußen),
8	=	= 3	=	= Posen, Beuthen und Frankfurt a. O.,
9	=	= 6	=	= Elsaß-Lothringen (2), Mecklenburg (1), Danzig, Kiel und Köln (Preußen).
		41		

[1] Schatz l. c.

zwei, die geringe Wertschätzung und Achtung, die der Stand sich bis heute zu erwerben verstand, und dann die äußerst prekäre, manchmal geradezu jämmerliche Bewertung und Entlohnung, die ihm von seiten des Publikums zuteil wird: selbst als ob schon an dem Worte Hebamme etwas Minderwertiges, Entehrendes hinge, so sehr sträuben sich Frauen und Mädchen auch oft der niedern Stände, die es eben nicht absolut „nötig haben" gegen die Zumutung, für den Beruf sich herzugeben; „nur eine Hebamme", das ist die allgemeine Taxierung des Standes, und hierin liegt die nächste Hauptursache, weshalb es so schwer hält, abgesehen etwa von einigen Ausnahmefällen in Großstädten, trotz der immer beklagten Berufs- und Verdienstlosigkeit der Frauen, aus den sogenannten bessern Schichten Kandidatinnen für den Hebammenberuf zu gewinnen. Mag hierin auch zum Teil die eigene niedere Taxierung der Frauen, ihre vielfach zutage tretende berufliche Untüchtigkeit, das erniedrigende Konkurrenzlaufen, die Klatschsucht und andere Untugenden des Standes die Schuld tragen, die Hauptursache bleibt doch der allgemein herrschende Mangel an Verständnis für den hohen Ernst und die Wichtigkeit des Berufes, und dann die materielle Untertaxierung, die demselben von Gemeinden wie Privaten zuteil wird und die ihren adäquaten Ausdruck darin findet, daß der berufliche Verdienst, abgesehen von nicht zu häufigen Fällen der Städte, zumal auf dem Lande, zur alleinigen und angemessenen Führung des Lebensunterhaltes nicht ausreicht. In Baden[1] beträgt das durchschnittliche Gesamteinkommen einer Hebamme in den mir unterstellten Dienstbezirken jährlich 172 Mark; dasselbe

---

[1] Berechnung des Einkommens der in den Badischen Kreisen Villingen und Konstanz praktizierenden Hebammen.

Amtsbezirk	Einwohner	Niederkünfte	Hebammen	Durchschnittsgehalt	Zahl der auf 1 Hebamme entfallenden Geburten à 6 ℳ die Entbindung gerechnet	Verdienst hierdurch	Gesamtverdienst
				ℳ		ℳ	ℳ
Triberg	21 470	758	24	40.3	31	186	226.3
Villingen	25 124	881	37	54.3	23	138	192.3
Donaueschingen . .	24 222	760	45	37.3	16	96	133.3
Kreis Villingen . .	70 816	2399	106	44.0	22.8	132	166
Engen	21 279	632	46	43.5	13	78	141.5
Stockach	18 715	671	31	44.2	21	126	170.2
Meßkirch	14 252	531	28	44.1	18	108	152.1
Pfullendorf	9 718	318	14	48.7	22	132	180.7
Konstanz	43 807	1280	52	48.6	34	204	252.6
Ueberlingen	26 291	798	39	59.5	15	90	149.5
Kreis Konstanz . .	134 062	4230	210	48.1	20.1	120.6	168 6
Total:	204 878	6629	316	46.6	20.9	125.5	172.1

setzt sich zusammen aus einem für die Gemeindehebammen ausgeworfenen Jahresaversum und den Bezahlungen der Einzelleistungen, für welche eine staatlich festgestellte Taxe besteht, die aber fast nie eingehalten wird. Der Tagesverdienst beläuft sich demnach durchschnittlich auf 57,3 Pfennig, gewiß kein lockender Gewinn, der von dem Verdienste und der Entlohnung jeder niedern Taglöhnerin wesentlich übertroffen wird. In den übrigen deutschen Staaten[1] scheint es nach meinen Erkundigungen sowie nach mir von befreundeter Seite in dankenswerter Weise gewordenen Mitteilungen nur teilweise mit der Entlohnung der Hebammen besser, vielfach aber noch schlechter zu stehen; jedenfalls steht so viel fest: der materielle Verdienst, den der Beruf der Hebammen mit sich bringt, ist nur selten für das nackte Leben ein ausreichender, fast nirgends aber steht er im gerechten Verhältnis zu der Menge und Höhe der Anforderungen, die man an den Stand stellt und die man seiner Wichtigkeit und Bedeutung entsprechend an ihn stellen muß.

Diese Anforderungen erheischen einerseits ein Maß von körperlicher Anstrengung — auf dem Lande zumal —, daß nur vollständig robuste, durchaus gesunde Naturen ohne wesentliche Schädigung ihrer Gesundheit Stand zu halten vermögen; auf der andern Seite eine Höhe von seelischer Anspannung, von Berufstreue und Verantwortlichkeit, die das Teuerste, was wir besitzen, in sich schließt, das Leben unserer Frauen und unserer Kinder. Der in dieser Arbeitsleistung alt gewordenen Hebammen wartet aber —

---

[1] Vgl. Brennecke, Heimstätten für Wöchnerinnen, p. 7 und 8, ferner der "Offizielle Bericht über die Verhandlung des V. Delegiertentages der Vereinigung Deutscher Hebammen in Straßburg, Berlin 1897. Hiernach beläuft sich das Gesamteinkommen einer

Hebamme in Aachen (Regierungsbezirk) auf etwa 350 Mk. (mit Zuschuß),
Hebamme in Rendsburg (Regierungsbezirk) auf etwa 160 Mk. und Praxisertrag,
Hebamme in Oldenburg (Regierungsbezirk) auf etwa 110 Mk. und Praxisertrag,
Hebamme in Montjoie (Regierungsbezirk) auf etwa 60 Mk. und Praxisertrag von durchschnittlich 90 Geburten,
Hebamme in Wiesbaden (Regierungsbezirk) auf etwa 150 Mk. und Praxisertrag,
Hebamme in Meisenheim (Regierungsbezirk Koblenz) auf etwa 195 Mk. und 20 Mk. Praxisertrag (130 Mk. Pension nach 30jähriger Dienstzeit),
Hebamme in Liebenwerda (Kreis) auf etwa 450 Mk. und Praxisertrag,
Hebamme in Oppeln auf etwa 213 Mk. und etwa 30 Mk. Praxisertrag,
Hebamme im Großherzogtum Hessen auf etwa 5—50 Mk. Gehalt und Praxisertrag,
Hebamme im Königreich Sachsen auf etwa 400—500 Mk.; dazu Pensionen von 300—400 Mk.,
Hebamme im Großherzogtum Mecklenburg auf etwa 100—150 Mk. und Praxisertrag,
Hebamme in Coburg auf etwa 150 Mk., dazu nach 30jähriger Dienstzeit 60 Mk. Pension,
Hebamme in Bayern, soweit dieses sich aus der „Dienstanweisung für die Hebammen" entnehmen läßt, bei den äußerst niedern Taxen jedenfalls nicht mehr, als das Einkommen einer badischen Hebamme beträgt.
In Württemberg beträgt die Taxe für eine Entbindung nebst den nötigen Besuchen, Verrichtungen u. s. f. 4—6 Mk., die bei sehr Wohlhabenden manchmal auf 8—10 Mk. erhöht wird, auf dem Lande aber nach freundlichen Mitteilungen eines Württembergischen Kollegen sehr oft an barem Geld gleich 0 ist, da die Hebamme in vielen Fällen mit „Brot und Speck" entlohnt wird!

wiederum mit seltenen Ausnahmen — die Anwartschaft auf öffentliche Armenunterstützung [1]!

Und was ist die Folge dieses Mißverhältnisses? Auf der einen Seite eine, zumal wieder auf dem Lande, sich stets steigernde Schwierigkeit, ein auch nur halbwegs geeignetes Material für den Hebammenberuf zu erhalten, auf der andern Seite eine bedenkliche und gefährliche Depravierung des vorhandenen Materials, sobald dieses sich des ganzen Jammers seiner Stellung so recht bewußt wird.

Werden, zumal in kleinen, nur geringen beruflichen Verdienst in Aussicht stellenden Landgemeinden Hebammenstellen zur Bewerbung ausgeschrieben, so meldet sich sehr oft niemand, jahrelang bleibt die Stelle unbesetzt, endlich meldet sich eine einzige, eine geeignete Auswahl ist also nicht möglich; oder es melden sich in größeren Gemeinden zwei und mehrere; dann sind es eben nicht solche, die „dem eigenen Triebe", sondern solche, die „der Not gehorchend" gekommen sind, nicht um eine der Gesellschaft nützliche Stellung einzunehmen, sondern um neben dem übrigen Beruf als Bäuerin, Taglöhnerin, Händlerin, durch den Hebammenberuf noch etwas nebenbei zu verdienen. Die „Hebamme" wird nicht Haupt-, sondern bleibt Nebensache. Die Taglöhnerin- und Bäuerinhebamme hantiert in Feld und Stall, in der einen Stunde wühlt die Hand, von deren technischem Geschick Menschenleben abhängen, im Schmutz der Landwirtschaft herum, in der andern ist sie beruflich thätig, und was da alsdann der schrundige, rauh und tolpig gewordene Finger anstellt, ist ja leicht zu verstehen. Wo bleibt da die Anti- und Aseptik, und was nützen unsere schönsten dahin zielenden Vorschriften?

Zwar schreiben die meisten Dienstweisungen unsern Hebammen vor, daß dieselben solche Beschäftigungen zu meiden haben, durch welche die Tüchtigkeit zur Ausübung ihres Berufes beeinträchtigt wird; allein diese Vorschriften mit Strenge durchzuführen, ist unmöglich, solange wir nicht imstande sind, jeder Hebamme durch den Beruf selbst eine materiell auskömmliche Stellung, ein jeglichen Nebenverdienst als unnötig erscheinen lassendes Einkommen zu verschaffen. Dieses aber ist wohl in den wenigsten Staaten der Fall, ausgenommen etwa in Sachsen, sowie in einigen preußischen Kreisen, wie beispielsweise in Liebenwerda, wo jeder Bezirkshebamme ein Minimaleinkommen von 450 Mk. jährlich garantiert und entsprechenden Falls auch geleistet wird. Das Königreich Sachsen allein [2] gewährt jeder Hebamme

---

[1] In Baden beträgt das zu beanspruchende Altersversorgungsgehalt für Gemeindehebammen sage 16 Mk.! Gesuche solcher altersdekrepider Personen, welche im Dienste der Gemeinden nicht selten ihre Gesundheit geopfert haben, an Frauen- und Wohlthätigkeitsvereine um Unterstützung in Not, sind nicht selten.

Ein in edler Absicht wie Wirkung nicht genug anzuerkennendes Mittel zur Hebung und Förderung des Standes ist seit dem Jahre 1884 die von Ihrer Königl. Hoheit der Großherzogin gestiftete Ehrengabe für verdiente Hebammen, bestehend in einer silbernen Medaille für 25jährige, und der silbervergoldeten, für 40jährige Dienstzeit.

[2] Pensionen von nennenswerterer Höhe beziehen nach bereits erwähnter Quelle — offizieller Bericht des V. Delegiertentages des Vereins D. Hebammen — die Hebammen in Oeversee (Schleswig) im Betrage von jährlich 100 Mk., diejenigen der Bezirke Burz, Bronikowo und Wojnitz in Posen nach 30jähriger Dienstzeit jährlich 60 Mk., ebensoviel die Hebammen in einigen Coburgischen Ortschaften.

eine auskömmliche Altersversorgung, welche durchschnittlich 3—400 Mk. beträgt; die anderweitig bezahlten Ruhegehalte sind so minimal, daß sie höchstens als Almosen in Betracht kommen.

Daß die prekäre materielle Stellung unserer Hebammen nicht imstande ist, eine besondere Berufsfreudigkeit zu schaffen, liegt auf der Hand; das Bewußtsein, daß die verlangten Opfer an körperlicher Arbeitsleistung, seelischer Aufregung, Verantwortlichkeit, und, da und dort wenigstens noch, an materiellen Zuschüssen zur Anschaffung der nötigen Ausstattung wie Gerätschaften, Notarzneimittel u. dergl. in gar keinem Verhältnis steht zu den materiellen Einnahmen, und vor allem auch zu dem bekannten Danke der Klientel, wird der geistigen Depravation derselben nur Vorschub leisten, und wenn trotz alledem immerhin noch ein Bruchteil der Hebammen sich auf einem gewissen guten Durchschnittsniveau erhält, so ist dieses eben lediglich ihrer Pflichttreue und ihrem nicht genug anzuerkennenden Opfersinn zuzuschreiben; die größere Mehrzahl aber sinkt unter dieses Niveau, sie degeneriert.

Dieser Durchschnittshebamme ist, wie erwähnt, in 95 % aller Niederkünfte die ganze Geburtshygieine nicht nur anvertraut, sondern auch, — und damit komme ich zu meinem Vortragsthema im engern Sinne —, die Wochenbettshygieine.

Daß letztere zum größten Teil wenigstens auf ersterer fußt, habe ich bereits erwähnt und ist ja selbstverständlich. In der Geburt entstandene Verletzungen und Infektionen werden sich auf das Wochenbett übertragen, und hier in Form teils akuter, teils chronischer Erkrankungen, sowie der Entstehung krankhafter Zustände sich geltend machen, zu welchen sich dann die erst im Wochenbett entstandenen Krankheiten und Übel hinzugesellen. Die Hebamme als Geburtsleiterin und Infektionsträgerin während und nach der Geburt, sowie als die natürliche und geborene Pflegerin und Ratgeberin im Wochenbett selbst, spielt auch hier die kausale Hauptrolle, aber nicht die einzige; eine Menge von unglücklichen Zuständen und Zufällen sind nicht minder vollwichtige Faktoren, welche den glücklichen oder unglücklichen Verlauf des Wochenbetts bedingen: Sociale Stellung, Vermögen, Intelligenz und Bildung kommen hier in Betracht, wenn es sich darum handelt, die wie ein roter Faden durch die Anforderungen der Kulturvölker aller Zeiten bis auf unsere Tage an die Wochenpflege sich hindurch ziehenden Hauptbedingungen zu erfüllen: Reinlichkeit, zweckentsprechende Ernährung und Schonung. Unreinlichkeit und Schmutz aller Art, Armut und Hunger, die Not des Lebens in jeder Form, Dummheit und Aberglaube, junger Leichtsinn nebst Roheit und Brutalität sind die Haupthindernisse, die der Erfüllung dieser Hauptbedingungen des gesundheitsgemäßen Wochenbetts entgegenstehen; und es ist klar: Diese Feinde der Wochenbetthygieine werden um so zahlreicher und in desto erschreckenderer Gestalt sich einstellen, je mehr die socialen Gegensätze sich vertiefen, je mehr das Niveau der Geistes- und Herzensbildung sowie der materiellen Wohlhabenheit sinkt. Die Industriecentren der Großstädte mit ihrer von der Hand zum Mund lebenden Fabrikbevölkerung, mit ihren dumpfen, engen und schmutzigen Keller- und Dachwohnungen, werden selbstredend die gräßlichsten Bilder der Not und des Elends, und dementsprechend auch der Versündigung gegen die Gebote der

Wochenpflege liefern; aber man täuscht sich, will man annehmen, daß nicht auch unsere Landbevölkerung an dem gleichen Übel krankt. Die Notstände mögen dort krasser und gehäufter sein, aber sie fehlen auch hier nicht mit allen ihren traurigen Erscheinungen und Folgen: Während die wohlhabende Bürgersfrau volle 6 Wochen der Schonung sich zu gönnen vermag, verläßt die Proletarierin, die Fabrikarbeiterin und Tagelöhnerin das Bett nicht selten schon am 2. und 3. Tage, aber auch die Bäuerin und kleine Bürgerin am 5. und 6., und in großen Kreisen der ärmeren Bevölkerung ist ein über den 8. und 9. Tag ausgehaltenes Wochenbett eine Seltenheit.

Ist immerhin in einigen Fällen jugendlicher Leichtsinn, Unkenntnis und sträfliches Vertrauen auf unverwüstliche Gesundheit die Ursache und Triebfeder dieser gesundheitlichen Versündigung, so ist es doch in weit mehr Fällen die bittere Not, die Sorge um das tägliche Brot und den verkümmernden Haushalt, die barniederliegende mütterliche Pflege der Kinder, und in gar nicht wenigen Fällen die rohe Brutalität der Ehemänner, welche die Wöchnerin und Hausfrau zum allzufrühen Verlassen des Wochenbettes zwingt. Jeder Arzt und Geburtshelfer wird hiervon zu erzählen wissen; ich selbst entsinne mich eines Falles, in welchem ich morgens früh eine Frau künstlich und unter schweren Umständen entbunden hatte, die noch am gleichen Tag abends — sehr zu ihrem Schaden, — im Stalle sich beschäftigte.

Ich habe den Versuch gemacht, aus den Tagebüchern der meiner dienstlichen Aufsicht unterstellten Hebammen eine kleine statistische Zusammenstellung zu erhalten, aus welcher die Dauer des ausgehaltenen Wochenbetts im engern Sinne des Wortes, also der Schonung durch Bettruhe zu entnehmen wäre. Hiernach verlassen in den hauptsächlich ländlichen Bezirken das Wochenbett vor dem 8. Tage 35—40 % der Frauen, die übrigen am 8.—11. Tage, während volle 14 Tage der Bettruhe fast nur diejenigen sich gönnen, welche krankheitshalber dazu gezwungen sind; bei den sogenannten oberen Zehntausend und in den wohlhabenden Mittelschichten der städtischen Bevölkerung mag dies anders sein, bei der proletarischen Arbeiterbevölkerung wird es sicher nicht besser, wohl aber da und dort noch erheblich schlimmer sich gestalten. Mit dieser mangelhaften Schonung gehen wohl, weil aus derselben Quelle, der Dürftigkeit und Armut stammend, die beiden anderen gesundheitlichen Sünden, Mangel an Reinlichkeit und zweckentsprechender Ernährung, Hand in Hand, und über die Schlußresultate derartiger Wochenpflege braucht man sich wohl nicht zu wundern; es sind jene zahllosen krankhaften Zustände, die, eigentlich möchte man sagen leider, nicht sofort zum Bewußtsein der Sünderinnen kommen, nur selten akut einsetzen, meistens erst später, oft erst nach Jahren in Erscheinung treten, welche die Frauen chronisch krank, siech und arbeitsunfähig machen und jegliche Lebensfreudigkeit und jeden Lebensgenuß untergraben.

Die Schilderung der einzelnen klinischen Formen dieser Leiden wird der Laie mir wohl erlassen, aber darauf möchte ich noch hinweisen, daß gerade die aus den vernachlässigten Wochenbetten entsprungenen krankhaften Zustände es sind, welche ganz besonders den Familienzusammenhalt, das häusliche Glück, den engeren Familienfrieden stören und hierdurch, wie kaum ein zweiter Faktor, social unterwühlend wirken[1]; sie sind es, und nicht wie Bebel[2] meint, das Kochen und Scheuern, welche hauptsächlich die Schelmengrübchen zerstören, ihre Besitzerinnen früh altern, die gegenseitige Zuneigung, eheliches Glück und Zufriedenheit verschwinden lassen, dagegen Haß und Erbitterung nähren, deren Objekt zuerst die eigene Familie, bald aber auch die Gesellschaft darstellt, ein Haß, der gerade von den verbitterten Frauen, wie Löhlein treffend bemerkt, mit besonderer Leidenschaftlichkeit geschürt zu werden pflegt.

Die Erkenntnis des innigen Zusammenhangs zwischen Wochenbett und Frauengesundheit, zwischen Wochenbetthygieine und öffentlichem Wohl, stammt übrigens nicht erst aus den letzten Tagen besonders reicher socialer Gärung; von der bekannten Pfullendorfer Spitalvorschrift[3] bis zur modernen Gründung von Wöchnerinnenasylen leitete Herz und Hand vieler Gut Gesinnten der eine auf derselben Erkenntnis beruhende Gedanke, daß, der Not armer Wöchnerinnen nach Kräften zu steuern, nicht nur ein Werk christlicher Barmherzigkeit, sondern geradezu eine öffentliche Pflicht ist; neu ist demnach weder die Not noch die Abhilfe an sich, neuer ist nur die Größe der Notlage, und ihr entsprechend die Erkenntnis, daß zur thatsächlichen Mithilfe neben der Privatmildthätigkeit breitere Schichten der Allgemeinheit, die Kommunen und Kreise, herangezogen werden müssen.

Dem sachlichen Inhalte der diesbezüglichen in letzter Zeit besonders animierten Erörterung entsprechend bewegten sich die Vorschläge naturgemäß nach zwei Richtungen, nach der Hebung unserer heutigen Geburtshygieine durch Umgestaltung unserer Hebammenverhältnisse auf der einen Seite, und auf Schaffung einer zweckentsprechenden Wochenbettpflege andererseits. Erstere sind äußerst mannigfach und richten sich selbstredend nach den lokal mehr oder weniger im Vordergrund erscheinenden Mißständen: Während Schatz[4], Ebstein[5], Maisch[6], Klein[7] u. a. in erster Linie die Notwendigkeit der Beschaffung eines nur im allgemeinen besseren Hebammenmaterials betonen — ohne übrigens die Schwierigkeit der Durchführung dieses Wunsches zu verkennen —, fordern Fritsch[8] und Fehling[9] die Heranziehung der gebildeten Frauen zum Hebammenberufe. Fehling will dieses zu erreichen suchen durch Erweiterung der Licenz unserer Wehmütter und Umänderung des prosaischen Namens Hebamme in den von Geburtshelferinnen, Fritsch unter anderem durch Freigabe

---

[1] Vgl. den Schlußsatz der oben p. 5 citierten Arbeit Löhleins.
[2] Bebel, Die Frau und der Socialismus p. 111. Bebel citiert hier die Ansicht eines Anderen (Amyntor, Randglossen zum Buche des Lebens), die er natürlich zu der seinigen macht.
[3] Moné, Armen- und Krankenpflege früherer Zeit, 1861. Nach der Spitalordnung von Pfullendorf aus dem 13. Jahrhundert sollten in dem Spitale arme Wöchnerinnen, Frauen von Taglöhnern u. s. w. 6 Wochen unentgeltlich verpflegt werden (usque ad sese septimanas favorabiliter tractantur).
[4] Schatz l. c.
[5] Ebstein, Schmidts Jahrb. Nr. 242. 1894 p. 207.
[6] Maisch, Das Kindbettfieber und die Hebammenfrage. B. IV. Jahrschrift für offizielle Gesundheitspflege. Bd. XXVI. 1893.
[7] Klein l. c.
[8] Fritsch l. c.
[9] Fehling, D. med. Wochenschr. 1895. V. 171.

des öffentlichen Hebammenunterrichts. Diesen Vorschlägen gegenüber betont Schatz und gewiß nicht mit Unrecht, daß der sogenannte gebildete Stand nicht immer auch weder die größere Intelligenz noch die ausgebildetere Berufstreue repräsentiert.

Materielle Beihilfe in Form von Aufbesserung der amtlichen Taxen fordern Klein[1], Ebstein[2], Maisch[3] u. a., und betonen besonders noch die Notwendigkeit einer gesetzlich zu regelnden Altersversorgung der Hebamme etwa nach Vorbild der erwähnten sächsischen Hebammenordnung. Andere Vorschläge wieder haben in erster Linie die Verhütung der sogenannten geistigen und moralischen Degeneration im Auge; sie betonen die Notwendigkeit der Verlängerung des Hebammenunterrichts — Schatz[4], Klein[1] — die Abhaltung von periodischen Repetitionskursen — Löhlein[5], Maisch[3], Klein — und endlich die Schaffung von sogenannten Aufsichtsärzten der Hebammen — Schatz —; Brennecke[6] endlich, fraglos der unermüdlichste Vorkämpfer auf dem Gebiete der Reform der Geburts- und Wochenbetthygieine, fordert durchweg, nicht nur in den Großstädten, sondern auch in kleineren Städten und auf dem Lande — etwa für je 50—100000 Einwohner — die Errichtung von Wöchnerinnenheimen mit je 25—30 Betten, die in erster Linie Gebär- und Wochenbettsasyle für 15—20 % unserer Bevölkerung, in zweiter Linie dann eine Art Mutterhäuser für die Hebammen sein sollten, mit welchen diese insofern in regstem Wechselverkehr zu treten hätten, als sie hier, selbstredend unter Aufsicht, die von ihnen eingelieferten Frauen entbinden könnten, an Repetitionskursen nach Bedarf sich beteiligen sollten, kurz in den Stand gesetzt wären, Wissen wie technisches Können aufzufrischen; auch für die Ärzte sollten diese Asyle durch die gebotene Möglichkeit der Übernahme von Assistentenstellen nach Bedarf die Quelle weiterer Ausbildung in der Geburtshilfe sein, und endlich wären in diesen Wöchnerinnenheimen sowohl Diakonissinnen der Geburtshilfe als auch technisch geschulte Wochenbettpflegerinnen heranzubilden, welche einesteils die zu Repetitionskursen einberufenen Hebammen zu ersetzen, anderenteils die Wochenbettpflege in den Privathäusern zu übernehmen imstande wären. Auf diese Weise glaubt und hofft Brennecke unsere ganze heutige Geburts- und Wochenbetthygieine so umzugestalten, daß den auf den erwähnten Gebieten hervorgetretenen Mängeln abgeholfen würde.

Der Plan, so weit ausschauend und originell er auch ist, ist vielfach bekämpft und angefeindet worden; er enthält indessen fraglos des Beherzigenswerten und Guten vieles, und ich werde noch auf denselben zurückzukommen haben.

Die Mittel und Wege, die bisher zur Linderung der Not auf dem Gebiete der Wochenbettpflege im engeren Sinne des Wortes ergriffen und betreten wurden, sind nicht minder mannigfach und teilweise, wie bereits angedeutet, in alte Zeiten zurückreichend: Spitäler und Stiftungen,

---

[1] [2] [3] Klein, Ebstein und Maisch l. c.
[4] Schatz l. c.
[5] Löhlein l. c.
[6] Brennecke l. c.

Ordenskorporationen und Vereine, kurz die Privatwohlthätigkeitspflege war es wesentlich allein, die sich der armen Wöchnerinnen annahm. In richtiger Erkenntnis der vorhandenen Not sowohl wie ihrer eigenen Aufgabe haben bis heute insbesondere die Frauenvereine auf dem Gebiete der Wochenbettpflege Ersprießliches geleistet und sich auf demselben — ich möchte sagen, naturgemäß — als das berufenste und unentbehrlichste Element der Hilfe erwiesen. Und wenn ich heute mit meinem Appell an die breiteren Schichten der Allgemeinheit und Öffentlichkeit um Gewährung von weiterer Hilfe für die Wochenbettpflege herantrete, so geschieht es nicht, um das von den Frauenvereinen bisher Geleistete als ungenügend zu erkennen und zu verwerfen, sondern nur, um unter die Fahne derselben alten und erprobten Führung neue und frische Hilfstruppen aufzurufen.

Was bis heute positiv auf dem Gebiete der Hebung der Wochenbetthygieine — abgesehen von der bekannten prophylaktischen gesetzlichen Maßregel, dem Verbote der zu frühen Wiederbeschäftigung von Wöchnerinnen in Fabriken [1] — geschehen ist, das läßt sich in die wenigen Worte zusammenfassen: Förderung der zweckentsprechenden Ernährung und der primitivsten Pflege durch Gewährung von Nahrungsmitteln (Suppen, Fleisch, Eier) und Getränken (Milch, Wein), sowie von Ausstattungsgegenständen für Wöchnerinnen und Neugeborene (Wäsche, Kinderkleidchen u. dgl.); Gewährung der Möglichkeit besserer Schonung und Ruhe durch Übernahme des Haushalts der Wöchnerin durch eine Pflegefrau; ferner Stellung wirklicher persönlicher Pflege für Mutter und Neugeborene in kranken Tagen durch geschulte Krankenwärterinnen bezw. ad hoc ausgebildete Wochenpflegerinnen; schließlich aber: Leistung voller Geburts- wie Wochenbettpflege in sogenannten Wöchnerinnenasylen.

Die Verabreichung von Verköstigung an arme Wöchnerinnen, sowie die Stellung ungeschulter und geschulter Pflegerinnen — letzteres, d. i. die Stellung geschulter Wochenpflegerinnen nur erst vereinzelt und im ganzen noch selten — für die Dauer der ersten 14 Tage des Wochenbetts, oder auch während der Zeit der Erkrankung einer Wöchnerin, lag bis heute wesentlich im Pflichtkreise der Frauen- bezw. sonstiger, zu diesem Zweck gebildeter Vereine: Der unter Führung und Hohem Protektorat Ihrer Königl. Hoheit der Großherzogin stehende Badische Frauenverein [2] hat seit mehr denn 30 Jahren mit Unterstützung armer Wöchnerinnen sich beschäftigt. Von den 237 Zweigvereinen desselben nehmen sich eine große Zahl der armen Wöchnerinnen an; nur 6 [3] derselben haben indessen, abgesehen von der Abgabe von Kost und Weißzeug, noch Wochenpflegerinnen in ihren Dienst gestellt, von denen wiederum nur erst 2 specielle Schulung in Hebammenschulen bezw. einem Wöchnerinnenasyl genossen haben. Was der rühmlichst bekannte Hauspflegeverein zu Frankfurt a. M. [4] auf dem gleichen

---

[1] § 37 (letzter Absatz) der Gewerbeordnung.
[2] Vgl. XXXVI. Jahresbericht des Bad. Frauenvereins pro 1895.
[3] Nach mir gewordener privater Mitteilung sind es die Frauenvereine von Schopfheim, Offenburg, Konstanz, Bonndorf, Kollnau und Oberkirch, welche (ungeschulte) Pflegefrauen in ihren Dienst gestellt haben, während nur Donaueschingen und ganz neuerdings auch Villingen ausgebildete Wochenbettpflegerinnen besitzen.
[4] Nach den mir vorliegenden Jahresberichten pro 1894 und 1895 hat der

Gebiete in alljährlich gesteigertem Maße leistet, ist zu bekannt, als daß es längeren Rühmens noch bedürfte. Ähnliches, wenn auch nicht im gleichen Maße, leisten, soweit mir bekannt, auch andere Frauen- und sonstige Vereine [1], ein zweifelloser Beweis an sich schon, wenn es noch eines solchen bedürfte, nicht nur dafür, daß die Unterstützung und Förderung der Wochenbettpflege überall ein Bedürfnis ist, sondern auch dafür, nach welchen Richtungen dieselbe, falls sie ihren Zweck erfüllen soll, sich zu bewegen habe: Als wesentlichste Aufgabe derselben wurde stets neben der Sorge für zweckentsprechende und genügende Ernährung diejenige für hinreichende Schonung und Ruhe erkannt. Das Hauptverdienst, nicht nur auf die gesundheitlich-somatische, sondern auch auf die social-gesundheitliche Seite der Gewährung einer hinreichenden Schon- und Ruhezeit für die Wöchnerinnen erfolgreich hingewiesen zu haben, gebührt in erster Linie Löhlein [2], und wenn auch die erste Frucht seines Mahnrufs, die Gründung des Wöchnerinnen-Rekonvalescentenheims zu Blankenfelde bei Berlin insofern wieder verloren ging, als dieses Heim aus Mangel an Arbeit schon nach zweijährigem Bestande sich wieder auflöste [3], so blieb derselbe doch nach anderer Seite hin fruchtbar, nach jener der Erkenntnis von der Notwendigkeit der Errichtung von Gebär- und Wöchnerinnenasylen einerseits, sowie der Hebung und Förderung der sogenannten Hauspflege andererseits, zwei Bestrebungen, welche beide, jede nur auf anderem Wege, zu demselben Ziele hinführen. Welcher von diesen Wegen der sicherste und gangbarste ist, ist eine Frage der noch ausstehenden Entscheidung durch längere Praxis und Erfahrung. Brennecke, der bereits mehrfach erwähnte, unermüdliche und verdienstvolle Vorkämpfer für Wöchnerinnenasyle, hält die Erstrebung letzterer für den richtigeren, weil er auf ihm viel weitere Ziele, die nach ihm einzig Erfolg versprechende Umänderung nicht nur unserer Wochenbetts-, sondern auch der ganzen Geburtshygieine, zu erreichen hofft. Zur Zeit mag die Anzahl der in Deutschland bestehenden Asyle etwa 30 betragen, meine engere Heimat Baden besitzt allein deren 3 — in Karlsruhe, Mannheim und Baden — und, sofern eine sich Jahr für Jahr steigernde Frequenz allein schon für die segensreiche Wirkung derartiger Anstalten sprechen kann, scheint dieser Beweis mir für unsere badischen Asyle wenigstens als hinlänglich erbracht [4].

Verein, der sich die Aufgabe gestellt hat, in minder gut gestellten Familien bei Anlaß des Wochenbetts oder Erkrankung, oder zeitweiser durch Kurzwecke bedingter Abwesenheit der Hausfrau den Haushalt aufrecht zu erhalten, im ersten Jahre seines Bestehens (1893) 264, im zweiten 401 und im dritten 502 Familien versorgt. Die Zahl der Pflegefrauen betrug zuletzt 50; außer der Stellung der Pflege wurden in 3 Jahren vom Vereine 1220 Mahlzeiten an 104 Familien verteilt.
[1] Vgl. Verhandlungen des III. Verbandstages der Deutschen Frauen-, Hilfs- und Pflegevereine vom Roten Kreuz in Würzburg. Weimar 1896.
[2] Löhlein, Über Wöchnerinnenpflege l. c.
[3] Vgl. Brennecke, Errichtung von Heimstätten p. 21.
[4] Das unter dem Protektorat Ihrer Königl. Hoheit der Großherzogin stehende Wöchnerinnenasyl in Mannheim besteht seit 10 Jahren: in demselben fanden seit Bestehen der Anstalt 2072 Geburten, im Jahre 1896 allein deren 285 — bei einer Aufnahme von 292 Frauen — statt; in diesem Jahre haben ferner die Wärterinnen der Anstalt in 117 Familien und 2468 Pflegetagen Wochenpflege ausgeübt; die Anstalt hatte hierdurch eine Einnahme von 6200 Mk.; die Nachfrage nach Wär-

Über Wochenbettpflege und ihre Beziehungen zur öffentlichen Armenpflege. 17

So sehen wir auf dem Gebiete freiwilliger charitativer Wochenbettpflege ein reich pulsierendes Leben in verschiedenen Formen und edelm Wetteifer, und wenn wir uns beim Überblick über das Ganze die Frage vorlegen: was ist damit erreicht? so ist die Antwort, je nachdem unser Standpunkt rückwärts blickend oder vorwärts schauend ist: Vieles oder Wenig; Vieles im Vergleiche zu früheren Zeiten, vor allem vor Löhleins und Brenneckes Mahn= und Weckrufen, fraglos zu wenig aber im Hinblick auf die vorhandene Not und im Ausblick auf das weite noch unbeackerte Land.

Viel des Dankenswerten und Guten bedeuten fraglos alle die Leistungen unserer Frauenvereine an Unterstützung armer Wöchnerinnen in jeder Form, geradezu Vorbildliches und Bewundernswertes, was beispielsweise der Frankfurter Hauspflegeverein zur Linderung der Not auf dem gleichen Gebiete schafft, wenig aber, wenn wir bedenken, daß Orte, Städte und ganze Länder und Länderstrecken noch ohne jegliche derartige Einrichtung sind[1]. Unstreitig viel Gutes haben bereits die 30 bestehenden Wöchnerinnenasyle geleistet, aber es sind eben nur 30, und mit der Bibel möchte man ausrufen: „Was bedeutet das für so viele" Städte nämlich, die der Wohlthat der Asylpflege nicht minder bedürfen wie die bereits damit beglückten, was bedeutet die trefflich und gut organisierte Stadtpflege, wenn wir bedenken, daß unsere Landbevölkerung noch fast vollständig der Wochenpflege in unserem Sinne entbehrt?

Diesen weit klaffenden Lücken gegenüber erhebt sich naturgemäß zunächst die Frage, ob die Privatwohlthätigkeit, die wir bis heute fast allein am Werke sehen, zu der von uns vorzuschlagenden durchgreifenden Abhilfe hinreichend ist?

Diese Frage möchte ich in vollständiger Übereinstimmung mit Brennecke[2] nach bestem Wissen wie Erfahrung entschieden verneinen, demgemäß also an die öffentlichen Mittel, an Staatsbeihilfe appellieren; dann erhebt sich die weitere Frage, deren befriedigende Beantwortung uns obliegt, ob der von

---

terinnen der Anstalt ist eine sich immer steigernde. (Vgl. 10. Jahresbericht des Frauenvereins zur Unterhaltung des Wöchnerinnenasyls. Mannheim 1897).

Das Wöchnerinnenasyl in Karlsruhe, das Werk eines hierzu unter dem Protektorate Ihrer Königl. Hoheit der Prinzessin Wilhelm stehenden Vereins, und mit einem jährlichen Zuschuß der Stadtbehörde unterstützt, besteht seit 3 Jahren, hat im 1. Jahre seines Bestandes (1892) 42, im 2. Jahre 128, und im 3. Jahre 207 Frauen Aufnahme und Pflege gewährt, die Anzahl der Betten beträgt 12. Eine wesentliche Förderung erhält das Asyl durch Anlehnung an die Abteilung für Krankenpflege des Bad. Frauenvereins. (Vgl. Jahresbericht des Vereins zur Erhaltung eines Wöchnerinnenasyls für bedürftige Ehefrauen in Karlsruhe pro 1892, 1893 und 1894, ferner Blätter des Bad. Frauenvereins 1896 V. 7 und 8.)

Das Wöchnerinnenasyl in Baden=Baden wurde erst im laufenden Jahre gegründet.

[1] Nach Brennecke existieren zur Zeit Asyle außer den erwähnten in Baden, in Aachen, Düsseldorf, Ludwigshafen, Köln, Elberfeld, Barmen, Dortmund, Essen, München=Gladbach, Magdeburg; in Hessen und Württemberg scheinen sie ganz zu fehlen, in Bayern beschränkt sich nach Privatmitteilungen die Asylpflege auf die genannte Anstalt in Ludwigshafen (Pfalz), eine Hauspflege existiert nicht; in Elsaß=Lothringen giebt es weder Asyle noch sonstige irgendwie organisierte Pflege.

[2] Vgl. Brennecke, Einrichtung von Heimstätten S. 24 u. ff.

uns vorgeschlagene Weg nicht nur sicher zum Ziele führt, sondern auch, ob dessen Begehen in den Grenzen des Möglichen gelegen ist.

Das Ziel, das uns gesteckt ist, ist die Erhaltung der Gesundheit des Frauengeschlechts, soweit dieselbe durch die Vorgänge im Wochenbett, das naturgemäß in erster Linie auf die gesundheitsgemäße Niederkunft sich zu stützen hat, bedroht ist. Nach diesem Ziele hin führen wesentlich zwei Wege: der eine ist der, den uns Brennecke weist, und dessen Beschaffenheit und Richtung ich oben kurz skizziert habe, der andere ist die Organisierung einer geordneten und geschulten Wochenbettpflege für Stadt und Land nach und mit wesentlicher Umgestaltung unserer Hebammenverhältnisse, beides unter entsprechender Beihilfe der Gemeinden, der Kreise, des Staates, kurz, der Allgemeinheit, eventuell auf dem Wege gesetzlicher Bestimmungen und Verordnungen. Suchen wir diese beiden Wege auf ihre Solidität und Gangbarkeit zu prüfen:

Der Weg, auf dem Brennecke sein Ziel, die vollständige Umgestaltung unserer ganzen heutigen Geburts= und Wochenbettshygieine, erreichen will, ist wesentlich der der Errichtung von Wöchnerinnenasylen in dem oben skizzierten Umfang und mit der erwähnten detaillierten Bestimmung; ich füge wesentlich zur Erleichterung des Verständnisses dieser Bestimmung ergänzend noch bei, daß nach dem Autor in die Asyle aufzunehmen wären[1],
1. Frauen, die erfahrungsgemäß unregelmäßige Entbindungen durchmachen,
2. solche, die zu Hause aus irgend welchem Grunde besonderer Infektionsgefahr ausgesetzt sind, und
3. diejenigen, deren häuslich beengte, ärmliche oder sonst ungünstige Verhältnisse eine genügende Ruhe und Schonung sowie hinlängliche Pflege nicht erwarten lassen.

So sympathisch und bestechend auf den ersten Blick die Brenneckeschen Pläne und Vorschläge auch sein mögen, so erheben sich doch bei ruhiger, kühler Betrachtung gegen dieselben mancherlei Bedenken, sachliche, wie vor allen Dingen finanzielle.

Brennecke will, — um mit den letzteren zu beginnen — für Territorien von je 50—100 000 Einwohnern je ein Asyl zu 15—20 Betten, und mit einem einmaligen Aufwand von 100—150 000 Mk. nebst einigen Tausend jährlicher Zuschüsse zum Betriebe der Anstalt, erstellt wissen. Auf das Großherzogtum Baden beispielsweise entfielen daher 17—34 derartige Asyle, und die einmaligen Erstellungskosten würden sich rund auf $2^{1}/_{2}$—5 Mill. belaufen. Die Betriebskosten berechnet Brennecke zu jährlich einigen Tausend; unter der mir als selbstverständlich erscheinenden Voraussetzung, daß in die Asyle wesentlich nur arme, zahlungsunfähige Frauen aufgenommen würden, glaube ich nach eigenen wie anderweitigen Erfahrungen diesen „einigen" bei einer Bettenzahl von 15—20 mindestens die Zahl 20 substituieren zu müssen[2], so daß die jährlichen Betriebsunkosten für Baden sich auf 340 000

---

[1] Brennecke, Errichtung von Heimstätten S. 13.
[2] Brennecke l. c. S. 14, nimmt an, daß in den von ihm so warm empfohlenen Asylen schließlich bis zu 15 und 20 % aller Entbindungen sich vollziehen würden; hieraus würden sich bei dem ebenfalls von Brennecke gedachten Verhältnis von je 1 Asyl auf 50 000—100 000 Einwohner etwa 200—300 Geburten pro Jahr ergeben,

bis 680000 Mk. belaufen müßten. Welche Unsummen in gleicher Weise sich aus dieser Aufstellung für das ganze Reich ergeben müßten, ist ja annähernd unschwer zu berechnen, aber die Volksvertretung wäre wohl schwer zu finden, von welcher unter den heutigen Verhältnissen solche Summen erhältlich wären.

Weniger befremdend, aber nichtsdestoweniger schwer ins Gewicht fallend erscheinen mir die sachlichen Bedenken: Daß die 15—20 % der gebärenden Frauen, welche Brennecke den Asylen zuweist, durch diese eine gesundheitlich ungefährdetere Niederkunft und ein glücklicheres Wochenbett erleben würden, steht ja gewiß außer allem Zweifel; eine andere Frage ist aber die, ob hiemit der ganze geburtshilfliche und Wochenbetts-Notstand gehoben wäre. Der Hebammenstand, dessen Unzulänglichkeit ja auch Brennecke beklagt, würde sicherlich durch die Asyle allein in allen seinen Bemängelungen nicht gebessert, zurückbliebe das wenig taugliche Urmaterial, aus dem sich der Stand zu rekrutieren pflegt, die da und dort zu kurze Ausbildungszeit, und besonders auch die unzulängliche materielle Entlohnung der Hebammen, und namentlich mit Bezug auf diesen letzten Punkt fürchte ich, daß, falls die erwähnten großen Summen für die Errichtung und Unterhaltung der Asyle bewilligt und verbraucht würden, dann für die Besserstellung der armen Wehmütter nichts mehr übrigbliebe. Der Gewinn der Niederkunft und des Wochenbetts der außerhalb der Asyle übrig bleibenden 80 % der Gebärenden wäre damit wesentlich geschmälert, wobei indessen zugegeben werden kann und soll, daß durch Abhaltung von Repetitionskursen und den sonstigen Wechselverkehr der Hebammen mit dem Mutterasyl, sowie durch die Ausbildung von Hebammendiakonissinnen und Wochenpflegerinnen auch für die Geburts- und Wochenbettshygieine außerhalb viel Gutes gestiftet werden könnte.

Hiezu kommt als weiteres Moment des Bedenkens die Frage, ob die Asyle auf dem Lande auch wirklich in dem erhofften Maße benutzt würden. Diese Frage ist berechtigt angesichts der Vorurteile, welche die Landbevölkerung jeder Krankenhaus- und Spitalbehandlung entgegenbringt, angesichts der Schwierigkeiten, welche zu überwinden sind, um schon dem unverheirateten Spitalberechtigten das Vorteilhafte einer Krankenhausbehandlung überzeugend und mit Erfolg dann auseinander zu setzen, wenn derselbe ein, wenn auch noch so dürftiges, Heim besitzt. Nicht selten verzichten solche Krankenkassenmitglieder gerne auf jeden Vorteil freier ärztlicher Behandlung, auf Krankengeld u. dgl., wenn ihnen nur gestattet wird, „zu Hause" krank zu sein. Daß bei Verheirateten diese Schwierigkeiten wachsen, ist ja selbstverständlich. Ich zweifle daher billig daran, daß die von Brennecke in Aussicht genommenen 20 % der gebärenden Bevölkerung, ehe sie die erwähnten, gewiß unberechtigten Vorurteile, etwa durch jahrelange Erziehung, abgelegt hätten, für die Asyle zu haben wären; wenn sie aber wirklich zu

---

eine Anzahl, wie sie zur Zeit das Asyl in Mannheim aufweist. Die Betriebsunkosten dieser Anstalt beliefen sich aber im Jahre 1896 auf rund 20000 Mk. Zu ähnlichen Ergebnissen komme ich, wenn ich die Betriebsunkosten der meiner Leitung unterstellten Hebammenschule in Betracht ziehe.

haben wären, so wäre der thatsächliche Erfolg doch kaum ein vollständiger, da nach meiner Erfahrung die wirkliche Wochenbettsnot einen weit größeren Prozentsatz trifft, und über die sogenannten niedersten Schichten hinaus noch weit in die Mittelklassen der Bevölkerung hineingreift.

Ins Gewicht fällt endlich gegen die Errichtung von Asylen für die Landbevölkerung noch ein weiterer Faktor von nicht zu unterschätzender Bedeutung: Das social-ethische Moment[1]: Auf der einen Seite ist nicht zu leugnen, daß alle derartigen Anstalten für die einfache Frau vom Lande etwas Verwöhnendes, die Begehrlichkeit Reizendes haben, auf der andern aber kommt hinzu das Befremdende, daß die Familienmutter gerade in dieser schweren Stunde der Niederkunft von Hause ferne ist; Familienbande der zartesten Natur würden durch dieses Fernsein gewiß nicht gefestigt, das Gefühl für das eigene Heim gewiß nur geschädigt. Es ist das nicht etwa ein einfach prüdes, ängstliches Empfinden, sondern ein durchaus berechtigtes Gefühl, das mit dem social gewiß wichtigen Begriff von Zusammengehörigkeit, von Heim und Heimat, enge zusammenhängt, und das man nicht ohne Not verletzen sollte; und wenn ich auch zugebe, daß man in der Stadt, zumal in den Schichten der auf die Asyle wesentlich angewiesenen Proletarierbevölkerung, hierüber weniger sentimental denkt und fühlt, für das Land und die Landbevölkerung möchte ich dieses schöne Empfinden für das eigene Heim aus socialen Gründen nicht missen.

Wenn irgendwo und irgendwann, dann gilt sicherlich auch dieser Frage gegenüber das Sprich- und Dichterwort: „Eines schickt sich nicht für Alle"; fraglos sind Wöchnerinnenasyle im Brenneckeschen Sinne ein unserer Zeit und ihren Bedürfnissen entsprechendes Institut für Städte, für die Industriecentren mit zahlreicher Arbeiterbevölkerung, und eben so fraglos haben sie da, wo sie bestehen, für diese Bevölkerung mit ihren, den Anforderungen moderner Geburtshygieine ungünstigen Verhältnissen kleiner menschenüberfüllter Wochenstuben in somatisch gesundheitlicher, moralischer und socialer Beziehung viel Gutes gestiftet, dessen Wert mit Recht überall anerkannt wird; aber ich halte es aus den erwähnten Gründen für einen mindestens

---

[1] Vgl. Brennecke, Die sociale und geburtshilflich-reformatorische Bedeutung der Wöchnerinnenasyle S. 29 u. ff. und ferner:
Bericht über die Thätigkeit der Poliklinik für Frauenkrankheiten in Sachsenhausen. Frankfurt a. M. von Prof. D. M. Flesch. Frankfurt 1897 S. 8—18.
Gerne zugebend, daß es Unrecht wäre, das social-ethische Moment bis zur vollständigen Verwerfung jeder Asylpflege zu betonen, möchte ich doch darauf hinweisen, daß es ebensowenig als angängig erscheint, nur in der Asylpflege, namentlich auch auf dem Lande, jegliches Heil gegen die gegenwärtigen Schäden der Geburts- und Wochenbettshygieine zu suchen, und zwar deshalb, weil auf der einen Seite, wie mit Recht Flesch hervorhebt, es sehr wohl möglich ist, bei einigermaßen gewissenhaftem und gut geschultem Material „der Antisepsis selbst bei schwierigen und komplizierten Fällen unter den erbärmlichsten Wohnungsverhältnissen Genüge zu thun," auf der anderen Seite, weil nach unserer Erfahrung der Nutzen, der durch Übernahme der Obsorge für die zu Hause gebliebene Familie der im Asyl weilenden Hausfrau erzielt wird, sehr oft wenigstens weit hinter dem Schaden zurückbleibt, der dadurch entsteht, daß nach Entfernung der Mutter die Kinder verwaist und der von seiner Obsorgepflicht vielleicht allzusehr sich befreit fühlende Mann ins Wirtshaus geführt wird. Mit Klugheit und Vorsicht wird daher von Fall zu Fall das eine oder andere zu wählen sein.

verfrühten Gedanken, alles Heil auf dem Gebiete der Geburts= und Wochen=
bettshygieine nur von der Errichtung von Asylen zu erwarten. Finanziell halte
ich denselben in dem von Brennecke angedeuteten Umfang für unausführbar
und sachlich für den wirklichen Bedürfnissen nicht genügend entsprechend.

Mag eine ferne Zukunft solche Pläne verwirklichen, für die Gegenwart
dürfte es ersprießlicher sein, den zweiten der oben erwähnten Wege zum
Ziele zu versuchen, den der zeitgemäßen und bedürfnisent=
sprechenden Umgestaltung unserer Hebammenverhältnisse,
sowie im Anschluß an diese, der Schaffung einer von der
übrigen Krankenpflege gesonderten und geschulten Wochen=
bettpflege.

Wenn ich die Vorschläge und Wünsche, welche zum Zwecke der Schaffung
und Erhaltung eines besseren Hebammenstandes zutage getreten sind, über=
schaue und mir hiebei die Frage vorlege, weshalb dieselben, da sie doch aus=
nahmslos durchweg billig und selbstverständlich, nicht bereits durchgeführt
sind, so finde ich überall als wesentlichstes momentum removens den
Mangel an Mitteln. Wir müssen also nach meinem Dafürhalten, wollen
wir mit unseren Vorschlägen auch wirklich etwas erreichen, von der Allge=
meinheit, den Gemeinden, Kreisen und dem Staat, unter Klarlegung der
Notstände, Einschärfung der humanen wie socialen Pflicht der Abhilfe, und
Beweisführung für die Wirksamkeit und Durchführbarkeit unserer Vorschläge,
die Bewilligung der nötigen Mittel verlangen — alles andere ergiebt sich
dann von selbst.

Zu den mit diesen Mitteln zu realisierenden Wünschen und Vorschlägen
zähle ich in weitaus erster Linie die materielle Besserstellung mit entsprechender
Altersversorgung; alsdann eine zweckentsprechende Verlängerung des Heb=
ammenunterrichts und schließlich die Ein= und Durchführung von periodischen
Repetitionskursen mit alljährlichen Kontrollprüfungen, da, wo solche bis jetzt
noch nicht bestehen.

Von der materiellen Besserstellung unserer Hebammen verlange ich,
daß sie keine Flickarbeit, sondern eine Sicherstellung ihrer beruflichen Existenz
in dem Sinne sei, daß der Einzelhebamme ein den lokalen Bedürfnissen
angemessenes, von der Honorierung durch die Klientel unabhängiges Mini=
maleinkommen garantiert wird, von dem sie leben kann, ohne mit Neben=
beschäftigung und Nebenverdienst sich beruflich untüchtig zu machen; die ge=
setzlich zu regelnde Altersversorgung müßte ferner dem garantierten und
wirklich bezogenen Minimaleinkommen entsprechend sein.

Selbstredend wird das zu garantierende Minimaleinkommen nach den ört=
lichen Verhältnissen sich zu richten haben. Für die Regelung dieser ganzen Frage
finde ich ein vielleicht wohl vorbildliches Verfahren in der Hebammenordnung
des Königreichs Sachsen, ganz besonders aber in jener des Preußischen Kreises
Liebenwerda. Sachsen gewährt nach mir gewordener authentischer Mitteilung
jeder Hebamme, welche unter 30—40 Geburten im Jahr und nach dem Ver=
mögensstand der Leute so wenig Einkommen hat, daß sie davon schlechter=
dings nicht leben kann, die zu diesem auskömmlichen Leben notwendige
Unterstützung, deren durchschnittliche Höhe zu dem wirklichen beruflichen Ein=
kommen hinzugenommen, wahrscheinlich die Summe von über 300—400 Mk.

übersteigen muß, da die den Hebammen gesetzlich zu gewährende Pension diese Höhe erreicht und nicht wohl anzunehmen ist, daß die jährliche Pension die wirkliche dienstliche und berufliche Einnahme übersteigt.

Im Kreise Liebenwerda beträgt die garantierte Jahreseinnahme 450 Mk.; bleibt die Hebamme unter derselben, so legt die Gemeinde das Fehlende zu [1].

Für uns in Baden dürfte nach meiner Kenntnis der Verhältnisse ein fixiertes Minimaleinkommen von jährlich 300 Mk. genügend sein [2]. Lediglich zur approximativen Orientierung über die Höhe der finanziellen Belastung der einzelnen bei Durchführung eines ähnlichen Projektes in Betracht kommenden Kassen diene folgende Berechnung: Durchschnittlich praktizieren im Lande 2000 Hebammen, die Anzahl der für die eventuellen Zulagen einzig in Betracht kommenden Gemeindehebammen beträgt rund 1800; als Durchschnittseinkommen einer vorwiegend in ländlichen Bezirken praktizierenden Hebamme wurde oben 171 Mk. gefunden; es ist indessen wahrscheinlich, daß in den Städten dieses sich wesentlich höher beläuft, und, da die Zahl dieser Hebammen eine nicht unerhebliche ist, so dürfte der Schluß, daß das Durchschnittseinkommen einer badischen Hebamme schlechtweg 200 Mk. beträgt, nicht sehr weit von der Wirklichkeit abirren. Wollte man dieses demnach auf jährlich 300 Mk. erhöhen, so betrüge der aus den öffentlichen Mitteln des Landes aufzubringende Zuschuß jährlich 180000 Mk., eine Summe, die sich indessen dadurch nicht unwesentlich noch verringern ließe, daß man die Anzahl der Hebammen überall da, wo dieses, ohne sachlich zu schaden, geschehen könnte, auf das zulässige Minimum reduzierte [3]; nach meinem Dafürhalten könnte man in den meisten badischen Bezirken eine kleine Zahl ohne jegliches Risiko streichen; hierdurch aber würde nicht nur obige Gesamtsumme verringert, sondern vielleicht wohl auch ein weiterer Degenerations-

---

[1] Nach dem „Offiziellen Bericht über die Verhandlungen des V. Delegiertentages der Vereinigung deutscher Hebammen" — S. 18 —, „hat die Bezirkshebamme ein Rechnungsbuch zu führen, aus welchem die aus dem Beruf erwachsenen Ausgaben und Einnahmen ersehen werden können, und welches im Januar jeden Jahres dem Kreisausschuß vorgelegt werden muß; nach jeder Entbindung der Wöchnerin eine schriftliche Rechnung einzureichen, wobei nicht unter die Taxe gegangen werden darf: „kommt die Bezirkshebamme bei treuer Pflichterfüllung unter Annahme eines vom Kreisausschuß beschlossenen Durchschnittshonorars für jedes Wochenbett nicht zu einem Gesamteinkommen von 450 Mark pro Jahr, so gewährt der Kreis den fehlenden Betrag als Gehaltszuschuß auf Grund eines vom Kreisausschuß alljährlich im Beisein des Kreisphysikus festzusetzenden Planes. Der letztere ist vom Kreisphysikus im Laufe des Februar des neuen Jahres auf Grund der amtlichen Entbindungsverzeichnisse fertig zu stellen und dem Kreisausschuß einzureichen."

[2] 300 Mk. waren bisher von der „Vereinigung Deutscher Hebammen" als Minimaleinkommen verlangt worden; neuerdings verlangte man 400—600 Mk., der Appetit kommt hier, wie man sieht, schon vor dem Essen, eine im übrigen begreifliche Erscheinung.

[3] Die von Brennecke erwähnte und mit Recht als „Übel" bezeichnete „unselige Konsequenz des freien Wettbewerbs, übertragen auf das Gebiet der Wochenbetts- und Geburtshygieine, ist in Sachsen — Hebammengesetze und Verordnungen für das Königreich Sachsen von Dr. Rud. Flinter, Leipzig 1895 — durch Schaffung fest umgrenzter Hebammenbezirke vermieden, und ferner dadurch eingeschränkt, daß bei Entbindungen innerhalb dieser Bezirke durch eine andere Hebamme, an die Bezirkshebamme des Bezirks 3 Mk. pro Entbindung zu zahlen sind.

grund der Hebammen, zu geringe praktische Thätigkeit derselben, beseitigt. Verteilt man aber auch obige volle Summe etwa in der Weise unter die naturgemäß zahlungspflichtigen Faktoren, die Gemeinden, die Kreise und den Staat, daß erstere 60000, Kreise und Staat je die Hälfte der übrig bleibenden 120000 Mk. auf ihr Konto nehmen, so entfällt auf je eine der 1400 Gemeinden des Landes 42.8 Mk., auf je einen der 11 Kreise aber 5454 Mk., Summen, welche den jährlichen Ausgaben dieser Kassen für manche minder ideale Werte nachstehen. Sollte unsere Anforderung daher wirklich so unbescheiden sein?

Zur Schaffung einer entsprechenden Altersversorgung für Hebammen wäre wohl die Inanspruchnahme öffentlicher Kassen nicht unbedingt notwendig, da, vorausgesetzt, daß eine durch den Staat veranlaßte Altersversorgungskasse mit Beitrittspflicht für jede der in Deutschland praktizierenden 36000 Hebammen die Gründung einer Altersversorgungskasse nach dem Muster der Reichsinvalidenkasse aus eigenen Kräften und ohne Belastung der Staatskasse nach dem von der Hebamme Volkman-Erfurt auf dem voriges Jahr in Straßburg abgehaltenen Delegiertentag der Deutschen Hebammenvereine gemachten Vorschlag in der That nicht als undurchführbar erscheint[1]. Der Hebung des Hebammenstandes könnte es gewiß nur förderlich sein, wenn auf diese Weise die materielle Besserstellung derselben um einen weiteren Schritt vorwärts gerückt würde.

Der Nutzen, den unser ganzes Streben nach Hebung des Hebammenstandes aus dieser Maßregel, der materiellen Besserstellung, ziehen würde, wäre ganz fraglos ein mehrfacher: einmal wäre gewiß bei Proponierung solcher Bedingungen, wie: bestimmter garantierter Jahresgehalt und Altersversorgung, der Andrang zu vakanten Stellen und hiemit die Möglichkeit der Auswahl von nur fähigen Köpfen eine viel aussichtsvollere und größere, und dann könnte, falls man wirklich auf die Gewinnung von gebildeten Elementen für den Hebammenberuf ein besonderes Gewicht legen will, das Maß der Anforderungen an einen gewissen Fond von geistigem Besitz und Bildung auf Grund der bessern materiellen Propositionen mit Recht höher gestellt werden; den Hauptnutzen aber möchte ich in der Möglichkeit erblicken, jetzt mit Fug und Recht ein wirkliches Enthalten der Hebammen von jeder zum Berufe untauglich machenden Beschäftigung zu verlangen und nötigenfalls auch zu erzwingen, während diese Forderung bekanntlich bisher nur reine Theorie war. Eine wesentliche Förderung der antiseptischen Maßregeln und des subjektiv aseptischen Verhaltens der Hebamme mit all seinen Folgen wäre demnach der Hauptgewinn.

---

[1] Vgl. Offizieller Bericht über die Verhandlungen des V. Delegiertentages der Vereinigung Deutscher Hebammen, S. 58: „Die Berechnung der Frau Volkman ist folgende: „Würde jede Hebamme (als Arbeitnehmerin) verpflichtet, von jeder von ihr geleiteten Geburt 30 Pfennige zu bezahlen, und müßte jede Entbundene (als Arbeitgeberin) für ihre Entbindung 50 Pfennige an die Altersversorgungskasse zahlen, in Armutsfällen die Gemeinde, bei nicht Hinzuziehung einer Hebamme die Entbundene 80 Pfennige, so ergebe das eine Summe von 1520000 Mk."

„Nach zurückgelegtem 60. Jahre könnte eine Hebamme rentenberechtigt werden, wenn ihre Invalidität vom Kreisphysikus anerkannt würde, mit dem 65. Jahr jede, die ihre Praxis niederlegt."

Der Verlängerung des Unterrichts mindestens an den Hebammenschulen, wo die Dauer eines Lehrkurses unter 6 Monaten beträgt, wird man deswegen das Wort reden müssen, weil thatsächlich in viel kürzerer Zeit eine theoretische wie praktische Ausbildung, und in letzter Beziehung besonders im sogenannten antiseptischen und aseptischen Handeln, nur bei äußerster Anstrengung aller Lehr- und Lernkräfte, und äußerster Ausnützung des lebenden Lehrmaterials möglich ist, und weil ferner die hiefür zu bringenden finanziellen Opfer schon deswegen kaum fühlbar sein würden, weil sie auf ein bereits bestehendes Konto zu setzen wären.

Eingreifender müßten und würden sich dagegen diejenigen für die einzuführenden Repetitionskurse gestalten, ohne indessen — nach meiner, nach Analogien aufgestellten Berechnung — eine irgendwie bedenkliche Höhe zu erreichen: Ich denke mir solche von einer Dauer von mindestens 4 Wochen, und ihre Durchführung in der Art der heutigen militärischen Reserveübungen, als obligatorisch für jede Hebamme 5 Jahre nach Absolvierung des Lehrkurses, da erfahrungsgemäß bei den meisten nach dieser Zeit die gewöhnliche Verbummelung, die sogenannte Degeneration beginnt. Zeigten sich bei den Hebammen, die ihre einmalige „Reserveübung" nach 5 Jahren durchgemacht haben, wiederholt Degenerationserscheinungen, dann könnte die Einberufung zu weiteren Repetitionskursen fakultativ sich gestalten und als eine Art Strafmittel gelten; entweder würde man die fragwürdigen Personen durch freiwillige Aufgabe des Berufes los, oder dieselben hätten sich der unerläßlichen Bedingung des Bleibens im Amte, der Absolvierung eines 2. Repetitionskurses, eventuell unter wenigstens teilweiser Tragung der Unkosten, zu fügen. Eine bloß 14tägige oder gar nur 8tägige Dauer des Repetitionskurses dürfte doch wohl, zumal in Hebammenschulen mit nur geringem Material, von fraglichem Werte sein.

Die für diese Repetitionskurse anzufordernden finanziellen Opfer würden sich für das Großherzogtum Baden in etwa folgender Art gestalten: Einzuberufen wären obligatorisch jeweils die 5 Jahre in der Praxis befindlichen Hebammen, demnach alljährlich etwa so viel als in den Lehrkursen frisch ausgebildet werden, durchschnittlich also 100, die sich auf die 3 Hebammenschulen des Landes zu verteilen hätten. Die Unkosten für einen 4monatlichen Lehrkurs belaufen sich zur Zeit auf 260 Mk., für einen 1monatlichen Repetitionskurs würden sie sich auf 65 Mk. belaufen, für die 100 Hebammen und das ganze Land demnach alljährlich auf 6500 Mk. sich beziffern, eine Summe, die gewiß ohne wesentliche Belastung der Gemeindekassen aufzubringen wäre. Organisatorische Schwierigkeiten könnten wohl kaum in Betracht kommen, da an Hebammenschulen mit gleichzeitiger Benützung des Lehrmaterials durch Studenten eventuell ja die Ferien für die Repetitionskurse heranzuziehen wären.

Die bei uns in Baden bestehenden, alljährlich abwechselnd durch die Kreisoberhebärzte und Bezirksärzte abgehaltenen kurzen Hebammenprüfungen möchte ich, auch nach Einführung der Repetitionskurse, nicht missen, da selbst dann, wenn der Wert der theoretischen Prüfung, wie da und dort behauptet wird, nur ein geringer wäre, der des moralischen Eindrucks auf die Hebammen, des Bewußtseins, unter alljährlich sich wiederholender scharfer Kontrolle zu stehen, sowie der Wert des Zwanges, die zu führenden Tagebücher mit den aseptisch rein zu haltenden Gerätschaften vorzulegen, nach unseren Erfahrungen kein unerheblicher ist.

Ob die von Schatz empfohlene Einführung von Hebammenaufsichtsärzten, die etwa an Stelle unserer Hebammenprüfungen zu treten hätten, für unsere Verhältnisse sich empfehlen würde, oder auch nur durchführbar wäre, ist mir mehr wie zweifelhaft, da, abgesehen von der Frage der Aufstellung und Entlohnung dieser Aufsichtsärzte, mir der Wert der Einrichtung, namentlich bei etwaiger Divergenz der geburtshilflichen Ansichten zwischen Ärzten und Hebammenschulen, fraglich erschiene, und da die Auswahl dieser Aufsichtsärzte ohne Erregung neidischer Konkurrenz, und infolge deren von Konflikten unter den Ärzten selbst, kaum wohl denkbar wäre.

Über Einzelheiten des hiemit in seiner allgemeinen Richtung gezeichneten Weges, über den Modus der Ausführung der einzelnen Vorschläge, wird man verschiedener Ansicht sein können, genauere Erhebungen über lokale Bedürfnisse würden zweifellos da und dort Modifikationen als angebracht erscheinen lassen, im großen und ganzen aber dürfte das Streben, unter Anknüpfung an die bestehenden Verhältnisse unseren Hebammenstand zeitgemäß zu reformieren, für das derzeit beste und einzige Mittel erscheinen, der Wochenbettpflege, dem Gegenstande unseres Themas im engeren Sinne des Wortes, ein festes und zuverlässiges Fundament zu schaffen.

Für diese bin ich in der Lage, einen nicht durch Kombination theoretisch erst entworfenen Plan, sondern einen praktisch bereits erprobten Vorschlag zu unterbreiten: Einer edeln, durch Geburt und Stellung wie durch Geist gleichmäßig hervorragenden Frau, der derzeit verwitweten Fürstin Carl Egon zu Fürstenberg, ist in meiner engeren Heimat der Gedanke wie dessen praktische Durchführung zu verdanken, armen Wöchnerinnen in Stadt und Land nebst den bisherigen Spenden an Kost und Weißzeug wirkliche, und zwar sachverständig geschulte Pflege zu verschaffen. Das Ziel, das hierdurch erreicht werden sollte, war ein doppeltes: einmal durch thatsächliche Übernahme der Führung des Haushaltes es den armen Frauen zu ermöglichen, die notwendige Ruhe und Schonung sich zu gönnen. Die Wochenpflegerin in diesem Sinne sollte demgemäß nach Vorbild etwa des bereits erwähnten Frankfurter Hauspflegevereins Haushälterin sein, um Küche und Kinderstube, um Mann und Gesinde in Pflege und Ordnung zu erhalten. Familienzusammenhalt, Ordnung, Reinlichkeitspflege, das ist, wie Ihnen dieses noch des näheren von meinem Herrn Korreferenten auseinandergesetzt werden wird, bei dieser sogenannten Hauspflege Ziel und Folge. Die sachkundige leibliche Pflege von Wöchnerin und Neugeborenem verbleibt hiemit der Hebamme, für deren Wirksamkeit die Pflegerin nur Unterstützerin, nicht Konkurrentin, sein soll.

Anders verhält sich die Sache — und hierin liegt das zweite Ziel — bei Erkrankung der Wöchnerin, zumal an Wochenbettfieber; hier muß bekanntlich aus Gründen der Ansteckungs- und Übertragungsgefahr die Hebamme sofort weggenommen werden, und diese Maßregel war es, die bisher, zumal auf dem Lande, ungemein viel Verwirrung, Elend und Jammer, sowie auch gesundheitliche Schädigung von Wöchnerin wie Neugeborenem, verursachte. Wer sollte in die entstandene Lücke einspringen? Gewöhnliche Krankenpflegerinnen sind selbstredend aus denselben Gründen der Übertragungsgefahr unzulässig, Ordensschwestern lehnen principiell jede Wöchnerinnenpflege in den ersten Tagen ab; in manchen Fällen ist zur Übernahme auch der primitivsten Pflege niemand zu bekommen; verlassen ist der Haushalt, Wöchnerin und Kind, oder höchstens noch der unkundigen Fürsorge des hiedurch seinem Geschäfte entzogenen Ehemannes, eines halberwachsenen Kindes, oder einer barmherzigen Nachbarin überlassen. Unzufrieden ist dann mit einem solchen Zustand alles, vor allem auch der Arzt, der seiner Patientin doch nicht alle notwendigen Handleistungen persönlich angedeihen lassen kann.

Diesem Übel- und Notstand galt das weitere Ziel der zu inaugurierenden Wochenbettpflege, ihm sollte durch geschulte Pflegerinnen abgeholfen werden in der Weise, daß infolge der speciellen Ausbildung derselben in der Pflege der Wöchnerinnen- und Kinderpflege in gesunden wie kranken Tagen, dieselben in den erwähnten Fällen die Hebamme vollständig zu ersetzen imstande wären.

Eine derart geschulte Pflegerin sollte nach dem Plane immer disponibel sein, um bald dahin bald dorthin, als Nothelferin in kranken Tagen, für gesunde arme Wöchnerinnen als Haushaltpflegerin, gesendet zu werden.

Der Amtsbezirk Donaueschingen mit seinen 25 000 Einwohnern und 40 kleinern und größern Ortschaften besitzt solcher Pflegerinnen zwei, die eine lediglich nur für die Landorte, die andere für die Amtsstadt; je nach Bedürfnis werden indessen beide gegenseitig stellvertretend bald da, bald dort verwendet. Ihre Ausbildung fand die eine in der Hebammenschule zu Donaueschingen, die andere im Wöchnerinnenasyl zu Karlsruhe in der vorhin bezeichneten Richtung, und es ist wohl selbstverständlich, daß während derselben, zumal im Hinblick auf die Notwendigkeit der Pflege auch kranker Frauen, die Lehre und Praxis der Anti- und Aseptik eine besondere Aufgabe des theoretischen und praktischen Unterrichts darstellte, welche neben der Lehre von der Physiologie und Pathologie des Wochenbetts und der ersten Kindheit die notwendige Berücksichtigung fand.

Gewissermaßen spielend lernen die Pflegekandidatinnen weiter die Pflege von Ordnung und peinlicher Reinlichkeit, die Notwendigkeit von gegenseitigem Unterordnen und Gehorchen; das Ineinandergreifen von Befehlen und Ausführung, und es ist gewiß nicht die schlechteste Mitgift, wenn wir die Pflegerinnen lehren, den Sinn und das Verständnis für diese Tugenden hineinzutragen in die Familien derer, deren Haushalt ihnen zeitweise anvertraut werden soll.

Dieser geistigen Ausrüstung gesellen wir eine kleine äußere hinzu, bestehend in denjenigen Gerätschaften und Notarzeneien, deren Handhabung und Gebrauch der Kandidatin im Unterricht gelehrt worden ist: eine Art Dienstkleid, in Form einer großen, das ganze übrige Kleid bedeckenden Dienstschürze, Katheter, Irrigator mit Zubehör, Bad- und Fieberthermometer, Karbolsäure und Karbolöl nebst einem Packet aseptischer Verbandwatte — all' das in einem aseptisch rein zu haltenden kleinen Behälter.

Einer der wichtigsten Punkte bei der Gründung und praktischen Durchführung unserer Wochenpflege bildete die Frage der Entlohnung der Wärterin. Diese ist, wie ich bereits bei einer anderen Gelegenheit ausgeführt habe, so sehr das Rückgrat des ganzen Unternehmens, daß von ihrer glücklichen Lösung fast einzig das Gelingen des Ganzen abhängt. Zum Vornherein war es uns, gestützt auf analoge anderweitige Erfahrung, klar, daß nur die finanzielle Unabhängigkeit der Pflegerin von der Bezahlung der Einzelleistung ein Arbeiten ohne Hindernis, ohne Reibung gewährleiste. Der Frauenverein Donaueschingen garantierte daher vertragsmäßig der Wärterin ein fixiertes Jahreseinkommen von 400 Mk., stellte dieselbe vollständig in seinen Dienst, und sicherte sich so die vollständige Leitung des Ganzen, daß die Vermittlung der Pflege sowohl, wie die eventuelle Entlohnung derselben (bei ausnahmsweise Wohlhabenderen) nur an und durch den Verein zu geschehen hat. Auf diese Art bewahrt er einerseits die Pflegerin vor tausend unberechtigten Rücksichten auf das hilfesuchende Publikum, und das Publikum vor ebensoviel Rücksichten auf die sogenannten Unkosten, ein Punkt, der sachlich schädigend oft noch in die Wagschale fällt, wenn für die Pflege eine noch so kleine Entschädigung verlangt wird.

Unsere Wochenpflege ist in erster Linie für die Unbemittelten und Armen bestimmt, also unentgeltlich, und nur ausnahmsweise, d. i. bei fehlender Inanspruchnahme durch diese, wird die Pflegerin auch an Bemittelte gegen Bezahlung abgegeben. Das Entgelt beträgt alsdann pro Tag 1 Mk., bei eventuell eigener Verköstigung der Wärterin. Ein kleiner Bruchteil des fixierten Jahresgehaltes wird auf diese Weise wieder eingebracht, groß ist es allerdings in keinem Falle und soll es auch nicht sein.

Zu erwähnen sind noch die Unkosten der Ausbildung, die indessen sich nach unserer Erfahrung bei sechswöchentlicher Dauer des Lehrkurses inklusive der Ausrüstung nur etwa auf 60—70 Mk. belaufen.

So unbedeutend hiermit das finanzielle Gesamtopfer für das ganze Unternehmen sich auch darstellt, für einen kleinen ländlichen, auf sich selbst angewiesenen Frauenverein wären die Auslagen doch unerschwinglich, und so mußten auch wir uns behufs sicherer Fondierung desselben an ergiebigere Hilfsquellen wenden, in erster Linie an diejenigen, deren Wohl und Interesse dasselbe galt, an die Gemeinden, in zweiter Linie an den Kreis.

Wir sagten uns und sagen uns noch heute, und ich möchte bitten und raten, es recht intensiv allen, deren Wohl und Wehe durch dieses Unternehmen tangiert wird, auch den Unempfindlichsten, — und deren giebt es in finanziellen Sachen bekanntlich recht viele — in die Ohren zu schreien, **daß es ein unendlich wichtiges allgemeines Interesse ist, das wir vertreten, und daß es deshalb die die Allgemeinheit repräsentierenden Gemeinde- und Kreisverbände sind, welchen die moralische Pflicht obliegt, hier finanziell einzutreten.**

Unser Ruf ist nicht umsonst verhallt. Dank dem Entgegenkommen aller Behörden, an die wir uns wandten, wurde es möglich, das Jahresaversum für die eine Wärterin zwischen der Stadtgemeinde Donaueschingen und dem Frauenverein, für die andere zwischen den einzelnen sich am Unternehmen beteiligenden Gemeinden und dem Kreise je zur Hälfte zu verteilen, so daß von den einzelnen Gemeinden nur mehr kleine Beiträge von — sage — 3 bis 15 Mk. aufgebracht werden müssen.

Auf diese Weise existiert und arbeitet das Unternehmen nahezu 3 Jahre, und, wenn ich schon heute ein Gesamtresultat dieser Arbeit geben soll, so kann ich nur sagen: Nicht die so und so vielen Tag= und Nacht= pflegen in gesunden wie kranken Wochentagen sind das Hauptergebnis, sondern die in nackten Zahlen nicht aus= drückbare Zufriedenheit aller an der Einrichtung betei= ligten Kreise, der hilfesuchenden und hilfefindenden armen Wöchnerinnen wie des Wartepersonals, des die Einrichtung leitenden Frauenvereins, wie der dasselbe finanziell stützenden Gemeinden und des Kreises, nicht zuletzt aber auch der Ärzte, die offen unsere Wochenpflege als das segensreichste Unternehmen des Frauenvereins anerkennen. Auch den gesundheitlichen Ge= winn einer derartigen Einrichtung in meßbaren Werten anzugeben, ist selbstverständlich um so weniger angängig, als dieselbe erst seit relativ kurzer Zeit besteht; wenn es aber noch einen weiteren Maßstab für eine derartige Wertschätzung giebt, so ist es vielleicht die Nachfrage, die in der That, namentlich an den Landorten, in steter Steigerung begriffen ist.

Es ist wohl selbstverständlich, daß, um zu guten Resultaten zu gelangen, eine Reihe von Faktoren vorhanden sein muß, deren glückliches Zusammen= treffen erst den vollen Erfolg bedingt. Zu diesen Punkten zähle ich in erster Linie die glückliche Auswahl der Kandidatin für den Pflegeposten.

Gehört schon zu der gewöhnlichen Krankenpflege ein besonderes Maß nicht nur von Kenntnissen und technischen Fertigkeiten, sondern auch, und vielleicht noch mehr, von Selbstbeherrschung, Feingefühl und Opfersinn, so ist dieses bei der Wochenbettpflege gewiß noch mehr der Fall, weil die Be= ziehungen zwischen Pflegerin und Pflegebefohlenen aus natürlichen, nahe= liegenden Gründen zu den vertrautesten zu werden pflegen. Die Scheu vor Einsichtnahme interner Familienverhältnisse ist es ja vielfach, welche, auch in armen Familien, den Beizug der Wochenwärterin hindert, und selbstredend wird dieses um so mehr der Fall sein, wenn letztere nicht das unbedingteste Vertrauen auf Diskretion sich zu erwerben und zu wahren weiß.

Daß auch die sittliche Qualifikation der Wochenpflegerin unbeanstandet sein muß, ist ebenso selbstverständlich. Im allgemeinen wird ferner ein Alter von 25—40 Jahren das günstigste und eine solche Familienstellung zu bevorzugen sein, daß Verschleppungen von Ansteckungsstoffen in das Wochenzimmer möglichst als ausgeschlossen erscheinen; kinderlosen Witwen dürfte in dieser Beziehung ein gewisser Vorzug mit Recht eingeräumt werden.

Als nicht überflüssig erscheint ferner auch bei der besten Wochenpflegerin eine gewisse taktvolle und sachdienliche Kontrolle. Die den Leistungen der Pflegerin, wie auch der gepflegten bedürftigen Familie geltenden Pflegebesuche seitens der Damen des Frauenvereins wirken unserer Erfahrung nach äußerst wohlthätig, sowohl den Pflegeeifer der Wärterin belebend, Mißverständnisse beseitigend, als auch durch die dadurch bekundete Teilnahme am Wohl und Wehe der Bedürftigen und Armen social versöhnend. Selbstredend darf es aber auch hierbei, wenn nicht das Gegenteil erzielt werden soll, an dem nötigen Herzenstakt der Besuchsdamen selbst, an Enthaltung jeder zu weit gehenden Einsichtnahme und Kritik innerer Familienangelegenheiten, nicht fehlen.

Bei dem fast angeborenen Mißtrauen, das man besonders wieder bei der Landbevölkerung, jeder derartigen, auch der wohlmeinendsten, Neuerung entgegenbringt, ist es endlich, wenn man nicht vielfach Enttäuschungen, ja geradezu Ablehnungen erfahren will, dringend notwendig, vorher durch persönliche belehrende Einwirkung den Boden zu ebnen, Vorurteile zu zerstreuen, und auf bereits gemachte günstige und empfehlende Erfahrung hinzuweisen. Unsere Bevölkerung ist ja vielfach gewöhnt, sich solche öffentliche Wohlthaten förmlich aufdrängen zu lassen; anfängliche Mißerfolge dürfen nicht entmutigen, die in der Sache liegende Wahrheit bringt doch immer, wenn auch nicht jeder Zeit mit der gewünschten Schnelligkeit, siegreich durch. Vor allem muß man das bei der Sache selbstredend zunächst beteiligte Sanitätspersonal für dieselbe gewinnen, die Gesundheits- und sonstigen Behörden, die Orts- und Kreisvorstände, und nicht zuletzt auch die Ärzte und Hebammen; letztern ist klar zu legen, daß es sich hiebei nicht um eine Geschäftskonkurrenz, sondern um eine Unterstützung ihrer engeren Thätigkeit handele; Ärzte wie Sanitätsbeamte werden gewiß, und können nur die Einrichtung mit Freuden begrüßen.

Das von dem Amtsbezirk Donaueschingen gegebene, jetzt in bald dreijähriger Erfahrung erprobte vorbildliche Beispiel hat nun trotz vielfacher mündlicher wie schriftlicher Anerkennung und Empfehlung nur in einem einzigen Bezirk Nachahmung gefunden; das könnte wunderlich erscheinen, wird aber aus dem oben Erwähnten erklärlich und noch mehr verständlich, wenn man die gewissermaßen entschuldigenden Einzelbegründungen des völligen oder teilweisen ablehnenden Verhaltens näher kennen lernt.

Es kann der Sache, wie ich glaube, nur dienen, wenn ich hier die hauptsächlichsten derselben kurz bespreche: Der innerlich haltloseste Einwand ist wohl der: „es hat sich bisher ein Bedürfnis für eine besondere Wochenbettpflege nicht gezeigt", „wird einmal da oder dort eine Pflege notwendig, so hilft eine Nachbarsfrau bereitwillig der anderen aus."

Man könnte fast meinen, daß diejenigen, die etwas derartiges schreiben, noch niemals in der Lage gewesen seien, aus dem Gebiete der eigenen vier Zeltpfähle in das Zelt des Nachbars hinüberzublicken; sicherlich waren es weder Solche, die je aus wirklicher eigener Anschauung die Not des Lebens, wie sie thatsächlich ist, kennen gelernt, noch viel weniger Solche, die speciell die Pflegenot in einem Wochenbett am eigenen Leibe, in eigener Familie, erfahren haben; jedenfalls auch keine Ärzte, die mit Verstand und Herz zugleich die Notlagen der ärztlichen Klientel mitzuerleben pflegen. Wer mit offenem Auge und gutem Willen auch nur im nächstgelegenen Dorfe sich umsieht, dem entgeht nicht, wie sehr gegen die gesundheitlichen Gebote der Wochenpflege und Wochenschonung gesündigt wird aus Zwang und Not; wer aus eigener Anschauung, und noch mehr, wer aus eigener Erfahrung diese Zwangsnotlagen kennt, der weiß, wie Hilfe not thut und wie wohlthätig sie empfunden wird; und wer endlich mit einigem Nachdenken Notlage wie

Hilfe sich überlegt, der wird sich, auch ohne ärztlicher Sachverständiger zu sein, den großen Unterschied zwischen Berufspflege und Gelegenheitspflege klar machen und es verstehen, daß es etwas anderes bedeutet, wenn die freundliche Nachbarin dann und wann am Tage einmal nach dem Haushalt und den Kindern der Wöchnerin sieht, auch einmal eine Suppe zurecht macht, etwas anderes, wenn die Berufspflegerin ihre ganze Kraft dem fremden Haushalt widmet, etwas anderes, wenn letztere, ständig zugegen, Ordnung, Reinlichkeit, Zucht aufrecht erhält, in rationeller Weise die Nahrung für das Neugeborene und die Frau zurichtet, sowie die stündliche Pflege der Beiden besorgt, während erstere, vielleicht selbst wohl voll von großmütterlichem Unwissen und Aberglauben, sorgsam Thür und Fenster zuhält, mittelst des bekannten schwäbischen Mehlbrei's die Gesundheit des Neugeborenen untergräbt, und bei ungesalzenen Wassersuppen die Wöchnerin halb verhungern läßt; man kennt die Wochenpflege dieser alten Weiber, deren Badthermometer der abgebrühte Ellenbogen ist, welche die dickste Stubenluft für die beste halten und mit einfältigen Zauber- und Gebetssprüchen den „Brand" (Fieber) zu heilen vorgeben, zu gut, um nicht vor ihrer wohlthätigen Einwirkung in der Wochenstube ein wahres Grauen zu empfinden.

Eine weitere Begründung ablehnender Haltung unserer Wochenpflege gegenüber stützt sich auf die bereits vorhandene geordnete Krankenpflege durch Ordensschwestern, Diakonissen u. a.; die Notwendigkeit einer von der übrigen Krankenpflege getrennten Wochenpflege wird entweder nicht zugegeben, oder aber die Zulässigkeit dieser Vermengung beider Pflegen in der Weise motiviert, daß man bei notwendiger Wochenpflege durch die Krankenschwestern die gleichzeitige Pflege anderer Kranker nicht zulasse. Wer uns solche Einwendungen bringt, der bedenkt und weiß eben nicht, welches Unheil durch gegenseitige Verschleppung von Krankheitskeimen in die Wochenstube und aus derselben angerichtet werden kann; der hat nicht bedacht, daß gerade die Pflege „gesunder" Wöchnerinnen durch Krankenschwestern unzulässig und deshalb bei dem System, in Notfällen von Erkrankungen von Wöchnerinnen die Krankenpflegerinnen beizuziehen, und ihnen dann nur diese Pflege zu gestatten, gerade die Hauptaufgabe unserer Pflege, die Hauspflege in normalen Wochenbetten, nicht erreicht, dagegen wohl einmal nicht vermieden wird, daß während die Schwester Wöchnerinnen pflegt, die übrige Krankenpflege Not leidet.

Der dritte Einwand endlich ist der, man habe trotz Ausschreiben und langem Suchen keine geeignete Kandidatin gefunden.

Hat man — man verzeihe mir diese Frage — in solchen Fällen auch richtig gesucht? nicht nur durch offizielle Bekanntgabe, sondern vor allem durch persönliche Nachforschung, verbunden mit aufklärender Belehrung? und dann vor allem mit Proponierung unserer Vertragsbedingungen, besonders auch der finanziellen? Ich glaube nicht zu irren, wenn ich vermute, daß gerade in letzterem Punkt das hauptsächlichste Hindernis zu suchen sein wird. Die Schwierigkeiten in dieser Beziehung sind nach meiner Erfahrung sehr oft mehr in Voreingenommenheit theoretisch konstruierte, als in Wirklichkeit vorhandene. Man fürchtet eine ablehnende Antwort und fragt deshalb von vornherein lieber gar nicht, oder aber in einer so mutlosen Art, daß man die abschlägige Antwort selbst zu erwarten scheint. Bei uns wenigstens waren in dieser Hinsicht besondere Schwierigkeiten nicht vorhanden, sollten sie bloß anderwärts so turmhoch sein? Ich meinte und fürchtete, die Orts- und Kreisvorstände, Männer mit freiem offenem Blick und dem Herzen auf dem rechten Fleck, geradezu zu beleidigen, wollte ich von ihnen annehmen, daß sie, überzeugt von der Not, der wir abhelfen, von dem Guten, das wir stiften wollen, ihre Beihilfe, bestehend in den anverlangten paar Groschen, uns vorenthalten. Diese Überzeugung eben müssen wir ihnen beibringen mit eigener Überzeugung, mit Mut und Geschick, und der schließliche Erfolg kann nicht ausbleiben.

An die breitere Öffentlichkeit ergeht demnach unsere Bitte — und damit komme ich zum Schlusse —, daß alle in öffentlicher oder privater Stellung am öffentlichen Wohl Beteiligten, also sowohl hier die Vertreter des D. Ver. f. A. u. Wohlth. als auch die Vorstände der Gemeinden, Kreise, sowie die Lenker des Staates, daran festhalten, daß es gilt, einem tiefen Krebsschaden, der am Marke der Gesundheit unseres Frauengeschlechts, und hiermit an unserem eigenen Lebensmark zehrt, verhütend, abwehrend und heilend, und mit thunlichst wirksamen Mitteln entgegenzutreten. Der Zweck dieser Erörterungen ist erreicht, wenn es mir gelungen sein sollte, alle von dem Vorhandensein eines dringenden Bedürfnisses auf dem Gebiete der Wochenbettpflege in Stadt und Land zu überzeugen, darzuthun, daß die Hebung der Wochenbetthygieine eine überaus wichtige Kulturaufgabe unserer Zeit ist, die ohne schwere Versündigung gegen die Humanität, ohne Gefährdung unserer Volkswohlfahrt, nicht vernachläßigt werden darf.

Dann zweifle ich nicht, daß überall, wo diesbezügliche Fragen sich erheben, der Einfluß aller Gutgesinnten in Schrift und Wort, in Rat und That, in die Wagschale des Rechten geworfen wird. Den Weg zu diesem Rechten in unfehlbarer dogmatischer Art für alle Einzelfälle gezeigt zu haben, das maße ich mir nicht an; ich bin befriedigt, wenn die von mir gewiesene Richtung nach dem Ziele im allgemeinen als richtig anerkannt, wenn, — und darin liegt der Kernpunkt der ganzen Frage — eingesehen und diese Einsicht gegebenenfalls in die greifbare That umgesetzt wird, daß die Privatwohlthätigkeit, die wir einzig bisher am Werke sahen, nicht mehr genügt, daß es, um auf den richtigen Standpunkt zu gelangen, der Nachhilfe und Unterstützung derselben durch öffentliche Mittel dringend bedarf.

Ob wir mit diesen öffentlichen Mitteln da Wöchnerinnenasyle bauen, dort die Hauspflege durch geschulte Wärterinnen unterstützen, das sind Fragen von nur lokaler Bedeutung; die Hauptsache ist, daß der Not abgeholfen wird.

Und wenn wir so die Wochenbettpflege im engeren Sinne des Wortes organisieren und pflegen, dann dürfen und werden wir auch das Fundament derselben, die Geburtshygieine, nicht vergessen, sondern bestrebt sein, den wichtigsten Faktor derselben, den Hebammenstand, auf eine eines Kulturstaates würdige Stufe und zwar unter Gewährung der hiezu notwendigen Mittel, zu bringen. Die Erhaltung tausender von Frauenleben, einer Unsumme von gesundheitlichem und auch materiellem Kapital, und hiermit die

Hebung vieler Not und vielen Elendes, wird die Folge sein. Und nicht nur dieses: Schaffen wir durch Hebung der Geburts- und Wochenbettshygieine idealere, wirklich begehrenswerte Frauenberufe, dann öffnen wir der Frauenwelt ein Arbeitsgebiet, auf dem manche bisher latente Kraft derselben sich bethätigen kann, nicht nur zur eigenen Befriedigung sondern auch zu Nutz und Frommen des Ganzen! So helfen wir den materiellen wie den ethischen Teil der Frauenfrage lösen, indem wir zur gesundheitlichen Unterfrage derselben wesentlich beitragen, und dem Ziele des idealen Strebens des Vereins f. W. u. Armenpfl., durch positive Arbeit auf dem ihm eigenen Gebiete social ausgleichend und versöhnend zu wirken, kommen wir auch dadurch einen guten Schritt näher, daß wir zunächst aus voller Überzeugung dem einzigen von mir aufgestellten allgemeinen Schlußsatz beistimmen:

Der Deutsche Verein für Armenpflege und Wohlthätigkeit erklärt es als eine sittliche und sociale Pflicht des Staates, überall da, wo es Not thut, für eine zweckentsprechende Organisierung bezw. Hebung der Wochenbettpflege, und, als der Grundlage derselben, der Geburtshygieine, letztere durch zeitgemäße Reorganisation des Hebammenstandes unter Gewährung hinreichender öffentlicher Mittel einzutreten,

und, indem wir dann im speciellen auch noch die weiteren Leitsätze zu den unsrigen machen, welche für die sich ergebenden Einzelfragen mein Herr Korreferent unter meiner vollen Zustimmung aufgestellt hat und im folgenden begründen wird.

Die Wöchnerinnenpflege.

Korreferat von Dr. E. Münsterberg in Berlin.

I.

Es ist nicht das erste Mal, daß der Deutsche Verein für Armenpflege und Wohlthätigkeit einen Gegenstand gleichzeitig mit anderen Vereinen behandelt, wobei denn jeder dieser Vereine den seine Interessen am nächsten berrührenden Gesichtspunkt in den Vordergrund zu stellen hat. Wenn so im vorigen Jahre der Verein für öffentliche Gesundheitspflege die „Heimstätten" für Wöchnerinnen in seiner Jahresversammlung in Kiel behandelte, so ist es kein Zufall, daß unser Verein die Erörterung der Frage der Wöchnerinnenfürsorge nachfolgen läßt, mit besonderer Beziehung auf die **Pflege im Hause**.

Auch hier liegt das Verhältnis ähnlich, wie bei der 1890 von beiden Vereinen gleichzeitig behandelten Wohnungsfrage; gelangte der Verein f. ö. G. dabei, unabhängig von den Fragen des Armenwesens, zu der Feststellung sehr besserungsbedürftiger Wohnungsverhältnisse, die naturgemäß den Blick auf die vornehmlich den bedürftigen Klassen dadurch zugefügten Schäden lenken mußten, so führten den D. V. f. A. u. W. ganz ähnliche Feststellungen aus der Betrachtung der Zustände der bedürftigen Klassen hinüber in das weitere Gebiet der Socialpolitik und Wohlfahrtspflege. Der Zusammenhang beider Fragen, der ja selbstverständlich jedem Sachkundigen geläufig sein muß, wurde so vor einem breiteren Publikum von neuem aus zwei verschiedenen Gesichtspunkten beleuchtet und dabei klargestellt, daß jede vorbeugende Maßregel besser ist als nachträgliche Armenpflege, und daß jede Ausgabe für gute und gesunde Wohnungen ebensoviel, wenn nicht mehr an Aufwand für die Armenpflege spart.

Und ebenso tritt in den Erörterungen über Heimstätten für Wöchnerinnen im Verein f. öffentl. Gesundheitspflege die Betonung derselben trivialen Wahrheit in den Vordergrund: Verbessert die Einrichtungen der Wochenpflege; fördert den Stand der Hebammen u. s. w. und Ihr werdet die Zahl der Todesfälle, der Krankheitsfälle vermindern, werdet so viel Familien gesünder machen, ihr häusliches Glück aufrecht erhalten u. s. w., und werdet endlich umsoviel an Armenpflegekosten ersparen, als Ihr ohne solche vorbeugende Fürsorge sonst aufwenden müßt. Kurz, um es mit einer bekannten volkstümlichen Wendung auszudrücken: Es ist besser, das Geld zum Brauer und Bäcker, als zum Apotheker zu tragen. Ohne Zweifel wird und muß auch die Behandlung der Frage durch den V. f. A. u. W. zu der Klarstellung der socialen und hygienischen Bedeutung der Wöchnerinnenpflege führen, wird und muß jede pflegerische Maßregel auf diesem Gebiet auch in ihrer Art vorbeugend und damit über den unmittelbaren Zweck hinaus der Hebung der Volkswohlfahrt im allgemeinen dienen.

Die sociale und hygienische Seite der Sache zu beleuchten, hat in erster Linie der Hauptberichterstatter übernommen; in allen diesen Beziehungen setze ich seinen Bericht als die Grundlage dieses kurzen ergänzenden Berichts voraus. Dies gilt insbesondere von der besseren Ausbildung der Hebammen, der größeren Sorgfalt der Ärzte und des Publikums und anderem mehr.

Für die specielle Frage der Ergänzung der auf diesem Gebiete vorhandenen oder zu schaffenden Wohlfahrtsmaßregeln werden drei Gestaltungen zu unterscheiden sein:

1. **Fürsorge für Haus und Familie der Wöchnerinnen während der Dauer ihres Aufenthaltes in einer Pflegestätte**, sofern die Notwendigkeit ihrer Aufnahme in eine derartige Anstalt vorliegt.

2. **Die Fürsorge für die Wöchnerinnen und deren Haushalt während der Dauer des Wochenbettes im eigenen Hause**

a. im Falle normalen Verlaufs des Wochenbettes,

b. im Falle eigentlicher Erkrankung.

Die Fälle zu 1 und zu 2 b brauchen sich nicht notwendig zu decken. Es können vielmehr sehr schwere Fälle im Hause abgemacht werden, wenn im übrigen hinreichende ärztliche Hilfe und Geburtshilfe sowie Wochenpflege gesichert sind und die Wohnungs= und Familienverhältnisse kein Bedenken ergeben, während auch schon leichte Fälle, ja ein Wochenbett, für das unter normalen Verhältnissen auch ein ganz normaler Verlauf zu erwarten sein würde, besser in einer Anstalt abgehalten werden, wenn besondere häusliche Verhältnisse, namentlich der Zustand der Wohnung, der Betten u. s. w., die Entbindung im Hause gefährlich erscheinen lassen.

Wie weit man in der Annahme solcher Gefahren gehen soll, läßt sich nicht ganz leicht sagen. Doch stimme ich mit dem Referenten darin überein, daß Brennecke wohl etwas zu weit geht in der Forderung von Wöchnerinnenasylen, indem er dabei die hygienischen Vorteile zu Gunsten der socialen Folgen überschätzt und übersieht, daß die Entfernung der Wöchnerinnen aus der Familie für alle Beteiligten auch ihre schweren Gefahren hat. Gerade vom Standpunkte der Armenpflege und Wohlthätigkeit müssen wir daran festhalten, daß trotz aller Geneigtheit zur Hilfe diese Hilfe nicht zu leicht erhältlich sein darf, und daß, wenn irgend möglich, der Familienzusammenhang aufrecht zu erhalten ist. Dabei wird, wie leider so häufig bei Entscheidungen dieser Art, vielfach zwischen zwei Übeln zu wählen sein und man unter Umständen das kleinere Übel der kostenfreien Entbindung und Wochenpflege in einer guten Anstalt den Zuständen vorziehen, die sich in gewissen Wohnungen notwendig entwickeln müssen. Unzweifelhaft sind daher Heimstätten für Wöchnerinnen, namentlich in großen Städten notwendig, in die Wöchnerinnen eintreten können, denen man einen Ersatz für die Mängel des eigenen Hauses bieten und die man nicht als Gegenstand des Studiums in den Kliniken angesehen wissen will, wovor arme aber ehrbare Frauen eine besondere Scheu hegen.

Die Heimstätte bedarf aber einer notwendigen Ergänzung durch die Hauspflege. Um eine Frau, die nicht zu den ganz verkommenen Personen gehört, (die man besser den öffentlichen Anstalten überläßt), zu dem Eintritt in eine solche Heimstätte zu bewegen, gehört nicht bloß die Überwindung ihrer Scheu vor einer Anstaltsbehandlung, sondern vor allem die Gewährung irgend einer Sicherheit dafür, daß in der Zeit ihrer Abwesenheit für ihren Mann und ihre Kinder gesorgt werden wird, daß ihr Hauswesen einigermaßen imstande bleibt, ihr Hausgerät nicht verschleppt werden wird. Nicht immer sind zuverlässige Angehörige, Mütter, Schwestern oder sonstige Verwandte oder Nachbarinnen zu haben, die sich des Hauswesens annehmen können und wollen; umgekehrt macht manche Frau, die abgesehen von einer Entbindung durch andere schwere Krankheit genötigt wird, in ein Krankenhaus einzutreten, die bittere Erfahrung, daß ihr Haushalt inzwischen verwildert, die Kinder verwahrlost, der Mann ins Wirtshaus gewöhnt worden ist, sodaß ein solcher Aufenthalt auch aus diesen Gründen ein Unglücksfall für eine davon betroffene Familie wird. Hier setzt also ein mittelbares Bedürfnis der Wochenpflege insofern ein, als es gilt, für die Dauer der Abwesenheit der Hausfrau diese zu ersetzen.

Im großen und ganzen sind Entbindungen nicht als Krankheiten zu betrachten, sondern als Entwickelungszustände, die ihren normalen Verlauf haben, Zustände, die mit Naturnotwendigkeit zu den Freuden und Kümmernissen einer normalen Familie gehören, Sorgen und Schwierigkeiten, die in Millionen und Abermillionen Fällen Frauen aller Stände und Berufe zu überwinden haben. Millionen und Abermillionen müssen sich mit diesem Naturereignis abfinden; die öffentliche Gewalt sorgt nur, daß dabei gute Organe in Ärzten und Hebammen zur Verfügung stehen und behandeln die Wöchnerinnenfrage unter diesem Gesichtspunkte als allgemeine hygienische Frage. Hier tritt ein weitergehender Anspruch erst auf, wenn Bedürftigkeit in der einen oder anderen Weise vorliegt, wenn also beispielsweise die Mittel zur Bezahlung von Arzt und Hebamme nicht vorhanden sind, wenn es an einer Persönlichkeit fehlt, während des Wochenbettes der Frau zur Hand zu gehen oder falls sie erkrankt, sie zu pflegen. Hier liegt der für Armenpflege und Wohlthätigkeit wichtigste Punkt in der Beobachtung der Schädlichkeit, die gerade in den bedürftigsten Kreisen aus der Mangelhaftigkeit der Fürsorge während der Dauer des Wochenbettes erwächst. Weil die Folgen des zu frühen Aufstehens nicht sogleich bemerkt werden, weil es der Frau wie eine Art Faulheit vorkommt, nach der Entbindung noch zu Bett zu bleiben, wo nötige Hausarbeit ihrer wartet, steht sie vor der Zeit auf und schädigt sich selbst häufig für Lebenszeit und damit auch ihr neugeborenes

Kind und im weiteren ihre ganze Familie. Hier liegt also ein Bedürfnis in fast ganz der gleichen Weise vor, wie während der Dauer des Aufenthalts in der Heimstätte: Die Wöchnerin muß das beruhigende Gefühl haben, daß, während sie im Bett liegt, der Hausstand nicht hinter sich geht, daß der Mann pünktlich sein Essen erhält, die Kinder ihre Nahrung und Wartung, daß das Hauswesen erhalten bleibt u. s. w.; kurz die Frau bedarf, bis sie unter ganz normalen Verhältnissen eine Zeit der Schonung von etwa 10—12 Tagen, unter Umständen auch länger durchgemacht hat, der wirtschaftlichen Hilfe im Haus und der nötigen Abwartung für sich und ihr Neugeborenes. Dieses beides, die Führung des Haushaltes während der Abwesenheit der Frau oder während des im Haus abgehaltenen Wochenbettes ist Hauspflege im eigentlichen Sinne.

Kompliziert sich die Sache, sodaß nach früheren Erfahrungen oder aus anderen Gründen der Arzt Anlaß hat, eine schwierige Entbindung oder Krankheit nach der Entbindung zu fürchten, ohne daß die häuslichen Verhältnisse eine Entfernung aus der Wohnung notwendig erscheinen lassen, so tritt zu dem Bedürfnis der Hauspflege noch das der Krankenpflege; wird in wohlhabenden Familien lediglich auf die Krankenpflege das entscheidende Gewicht gelegt, weil für den Haushalt regelmäßig in anderer Weise gesorgt ist und die Wöchnerin hierüber in der Regel beruhigt sein kann, so muß im Haushalte der Bedürftigen die Krankenpflegerin zugleich Haushälterin sein; sie bedarf aber besserer technischer Vorbildung in der eigentlichen Wochenpflege als die bloße Hauspflegerin, während die Pflegerin, die die normale Wöchnerin nebst Haushalt zu versehen hat, mit geringeren Kenntnissen in der Wochenpflege auskommen kann; die Hauspflegerin, die nur für den Fall der Abwesenheit der Frau das Hauswesen führen soll, genügt den Ansprüchen, wenn sie den Haushalt so führt, wie sie ihn für ihre eigene Familie zu führen imstande uud gewohnt ist.

So ergiebt sich, abgesehen von dem technisch geschulten Pflegepersonal der Heimstätten eine dreifache Ordnung von Pflegerinnen: 1. die Wochenpflegerin, 2. die Hauspflegerin, 3. die Haushälterin. Es leuchtet ein, daß nur die beiden ersten Kategorien der Wochenpflege eigentümlich sind, während die dritte Art überall erfordert wird, wo die Frau sich nicht im Haushalte befindet, sei sie verstorben oder dauernd oder vorübergehend in einer Anstalt. Hier decken sich also die Bestrebungen der sogenannten Hauspflegevereine mit denen der Wöchnerinnenvereine, die durch Bereitstellung von Haushälterinnen den Eintritt in das Asyl erleichtern wollen.

Zu dieser Fürsorge durch Gestaltung persönlicher Hilfe kommt dann noch Gewährung von Naturalien, wie namentlich Suppe, Milch, Eier u. dgl., sowie Gerätschaften, wie Betten, Wäsche, Ausstattung für das Neugeborene u. s. w. ergänzend auch Geldunterstützung. Selbstverständlich sind auch für die aus Anlaß der Entbindung eintretende Bedürftigkeit an und für sich alle übrigen der öffentlichen Armenpflege oder Privatfürsorge zur Verfügung stehenden Hilfsmittel anwendbar, wie denn Eintritt einer vorübergehenden Geldunterstützung, Erhöhung einer laufenden Unterstützung, die Abnahme des neugeborenen Kindes in eine Krippe oder vorübergehende Abnahme der übrigen Kinder in Waisenpflege u. s. w. in Erwägung gezogen werden können.

Solche Hilfe wird thatsächlich von der öffentlichen Armenpflege und der privaten Wohlthätigkeit in der mannigfachsten Weise im Rahmen ihrer allgemeinen Veranstaltungen gewährt. Im großen und ganzen hat aber das Wochenbett als ein besonderer Zustand der Bedürftigkeit mit ganz eigentümlichen Folgen für die Wöchnerin und ihre Familie bisher in der öffentlichen Armenpflege wenig Beachtung gefunden. Selbst in den best geleiteten Armenverwaltungen begnügt man sich mit der Bereitstellung der Geburtshilfe und gewährt allenfalls die Ausstattung der Hebammen mit einigem neuen Bettzeug. Auch ist, ebenso wie für Krankheitsfälle, den Armenärzten unbenommen, Stärkungsmittel zu verschreiben; auch werden die Hebammen wohl verpflichtet, gegen Gewährung eines etwas höheren Entgelts eine gewisse Wartung der Wöchnerinnen und eine gewisse Aufsicht über das neugeborene Kind zu übernehmen. Aber man weiß, was hierunter praktisch verstanden wird und kann aussprechen, daß von seiten der öffentlichen Armenpflege in eigentlich pflegerischer Beziehung für die Wochenpflege fast nichts geschieht. Diese Sorge ist vielmehr ganz überwiegend der privaten Liebesthätigkeit überlassen geblieben. Fast alle Frauenvereine befassen sich auch mit der Sorge für Wöchnerinnen durch Verabreichung von Suppen und Stärkungsmitteln, so weit dies im Rahmen der Vereinsthätigkeit überhaupt liegt. Eine nicht große Zahl von Vereinen sind direkt behufs Hilfe für Wöchnerinnen gebildet worden, unter denen namentlich der große Berliner Verein „zur Verpflegung und Unterstützung armer Wöchnerinnen" hervorgehoben zu werden verdient. Dieser Verein, der in 49 Bezirke gegliedert ist, gewährt vorzugsweise Suppe, zum Teil durch freiwillige Gaben der Mitglieder, sowie Milch und Kinderzeug; auch werden auf Kosten des Vereins Wöchnerinnen in der städtischen Heimstätte für Wöchnerinnen aufgenommen und während dieser Zeit der Haushalt der Wöchnerinnen versehen. Die Gestellung von Pflegerinnen für Wöchnerinnen ist noch ganz schwach entwickelt. Im letzten Berichtsjahre wurden 4652 Wöchnerinnen durch bezahlte Suppen, 453 durch private Gaben von Nahrung verpflegt; für Milch wurden 770 Mk. verausgabt, an Kinderzeug wurden rund 3500 Hemden, Windeln und Wickeltücher verabfolgt; 50 Frauen wurden mit einem Aufwand von 2326 Mk. in der Heimstätte für genesende Wöchnerinnen verpflegt. Außerdem besteht in Berlin eine bei der Armendirektion verwaltete Stiftung von 100 000 Mk., die den Zweck hat, Wöchnerinnen, die mindestens 1 Jahr in Berlin waren, während oder nach ihrer Entbindung Unterstützung in Geld, Kinderwäsche u. dgl. zu gewähren. Ferner sind zwei Heimstätten für gefallene Mädchen, die halb den Zweck der Wochenpflege, halb den der Besserung verfolgen, vorhanden, während ganz neuerdings ein Verein „Wöchnerinnenheim" begründet worden ist, der seinen Schwerpunkt in die Asylpflege und Entsendung von Wochen- und Hauspflegerinnen legen will, worauf ich noch weiter unten zurückkomme. Die übrigen Vereinsbildungen, so namentlich der mit 90 Schwestern in 13 Stationen arbeitende evangelische kirchliche Hilfsverein, der Verein gegen Verarmung, der Verein für häusliche Gesundheitspflege u. s. w. wirken, soweit ihre Hilfszwecke es zulassen, auch bei der Hilfe für Wöchnerinnen mit. Im großen und ganzen wird man aber auch das, was von seiten der privaten Liebesthätigkeit speciell für Wöchnerinnen in Berlin geschieht, als geringfügig bezeichnen müssen.

Es scheint mir, abgesehen von den sogleich noch zu besprechenden Bestrebungen in der Richtung der Brenneckeschen Vorschläge, in ganz Deutschland nicht viel anders zu liegen. So weit ich sehen kann, sind in anderen Städten Wöchnerinnenvereine mit ziemlich beschränktem Wirkungskreise vorhanden, ohne daß dabei die eigentümliche Natur gerade der Hilfe im Wochenbett besonders erkannt worden ist.

In betreff der Bewegung in der Richtung der Brenneckeschen Vorschläge möchte ich noch so viel hinzufügen, als für das Verständnis des Verhältnisses der Anstalts= zur häuslichen Pflege notwendig ist. Brenneckes Ideal ist bekanntlich die Besserung der gesamten Wochenpflege mit Hilfe einer Reform des Hebammenwesens. Deshalb ist er auch durchaus gegen eine Verbindung der Entbindungsanstalten mit den Krankenhäusern. In den zunächst durch private Initiative zu gründenden Heimstätten sollen die Hebammen gewissermassen ihren ständigen Mittelpunkt haben; hier sollen sie Gelegenheit finden, Entbindungen vorzunehmen, sich immer wieder unter sachverständiger Leitung belehren zu können und vor allem auch einen festen Zusammenhalt im Erwerbs= und Berufsleben finden. Zweitens sollen in dem Asyl Wochenpflegerinnen ausgebildet werden, für die der sie ausbildende Verein eine gewisse Garantie übernimmt und die er auf seine Kosten in Privatwochenpflege hinaussendet, während er seinerseits die dafür zu zahlende Vergütung einnimmt, bezw. die Kosten trägt, wenn es sich um unentgeltliche Pflege für Bedürftige handelt. So denkt sich Brennecke ein lebendiges Hin und Her aller an der Wochenpflege beteiligten Organe, eine Gewöhnung der Bevölkerung an die Bedeutung dieser Pflege, die Hebung des Hebammenstandes, und die Darbietung guten Materials an Pflegerinnen. Brennecke ist es gelungen einen derartigen Verein im Jahre 1885 in Magdeburg ins Leben zu rufen und ihn nach allen den Richtungen auszugestalten, die eben angedeutet worden sind und die Brennecke selbst wiederholt öffentlich dargelegt hat. So ist Magdeburg bisher die einzige Stadt gewesen, wo die Hebammen in dem Asyl wirklich einen Mittelpunkt gefunden haben; dort ist es jeder Hebamme gestattet, die von ihr dem Asyl zugewiesenen Fälle selbst zu behandeln, sodaß jede dem Hebammenverein angehörige Hebamme in der Anstalt selbst praktizieren darf, während an allen anderen Stellen Haushebammen eingesetzt sind; wo sonst ein Versuch im Sinne des Magdeburger Vereins gemacht worden ist, hat er jedoch wieder eingestellt werden müssen, ein Beweis, wie viel auch in diesen Dingen auf die persönliche Initiative und Hingabe eines Einzelnen ankommt. In Magdeburg ist auch in dem Statut des von dem Asyl im übrigen unabhängigen Hebammenvereins ausdrücklich als ein Zweck angegeben: „Durch geburtshelferische Thätigkeit der Hebammen im Wöchnerinnenasyl den Vereinsmitgliedern die Gelegenheit zu bieten, die Entbindungen gegen ein angemessenes Honorar selbst zu leiten und sich über alle Fortschritte auf dem Gebiete der Geburtshilfe sowie dem der Pflege der Wöchnerinnen und des Kindes auf dem Laufenden zu halten." Dazu der nicht minder bedeutungsvolle § 4: „Die

Mitglieder des Hebammenvereins halten sich nicht nur für berechtigt, sondern für verpflichtet im Interesse der Besserung der Geburtshilfe in den ärmeren Volksschichten von den im Asyl gebotenen Hilfsmitteln in ausgiebiger Weise Gebrauch zu machen. Sie haben, wo nur immer die Bedürftigkeit der Verhältnisse einer Wöchnerin es wünschenswert erscheinen läßt, dieselbe zur Aufsuchung des Asyls zu veranlassen."

Die weitere Aufgabe des Magdeburger Vereins ist die Ausbildung von Wochenpflegerinnen und ihre Entsendung in Privathäuser. Die Sorge für die in den Wohnungen zurückbleibende Familie der Wöchnerinnen wird angestrebt. Von anderen größeren Städten sind Bremen, Mannheim, Düsseldorf, Elberfeld, Köln, Karlsruhe, Aachen und Dortmund zu nennen, wo die Fürsorge für Wöchnerinnen einen besonderen Aufschwung genommen zu haben scheint. Mit Ausnahme von Elberfeld, wo das Asyl eine städtische Anstalt ist und von Dortmund, wo es sich um eine unter städtischer Aufsicht gestellte Stiftungsverwaltung handelt, sind es Frauenvereine, die zum Zweck der Gründung von Wöchnerinnenasylen ins Leben gerufen worden sind. Nur in Bremen führt der Verein den Namen: „Verein zur Pflege armer Wöchnerinnen" und stellt die geschlossene und offene Pflege gleichwertig nebeneinander, während in Düsseldorf zwei Vereine, einer für das Asyl und einer für ambulante Pflege besteht. Im übrigen bilden die Asyle, wie in Magdeburg, den Ausgangspunkt für diese Bestrebungen, wie dies auch für Berlin seitens des Vereins „Wöchnerinnenheim" geplant ist. Im einzelnen werden noch folgende Mitteilungen über die Aufgaben der Vereine und ihre Ausgestaltung von Interesse sein.

Die Anstalten dienen durchweg zur Aufnahme bedürftiger Ehefrauen; vereinzelt ist ein auf die Würdigkeit abzielender Zusatz gemacht, z. B. in Mannheim: „ehrbare", in Elberfeld „unbescholtene."

Dagegen sind unverehelichte Personen teils um sie der würdigern Form der Hilfe zu entziehen, teils um die schädliche Vermischung mit verheirateten Frauen zu verhüten, ausgeschlossen; der Kölner Verein hebt in einem seiner Berichte ausdrücklich hervor, daß es sehr schwer hielte, unbescholtene Ehefrauen dazu zu bewegen, in die Kliniken einzutreten, die gewöhnlich von den unverehelichten Schwangeren benutzt werden; daher sei diese Bestimmung von besonderem Wert. Bei Berlin heißt es: „Ausnahmsweise wird unverehelichten Wöchnerinnen im Falle dringender Not die Aufnahme nicht versagt werden." Ebenso gleichmäßig findet sich ein konfessionelle Unterschiede ausschließender Zusatz, vereinzelt auch eine ausdrückliche Bestimmung wegen Ausschlusses bei ansteckender Krankheit, die sich ohnehin von selbst versteht.

Die Asyle sind in erster Linie für bedürftige Ehefrauen bestimmt, was an und für sich die Forderung eines Entgelts nicht ausschließt, da auch die Aufnahme gegen mäßiges Entgelt eine Wohlthat genannt werden kann. So stellt Elberfeld die Zahlung eines Pflegegeldes, nach einem von den städtischen Behörden festzustellenden Satz, als Regel auf, gestattet jedoch von der Zahlung ganz oder teilweis zu befreien. In der Regel geschieht die Aufnahme jedoch unentgeltlich, wobei zugelassen wird, falls genügender Raum vorhanden ist, auch zahlende Wöchnerinnen aufzunehmen; so dürfen im Magdeburger Asyl Frauen aus den Vororten Magdeburgs gegen Zahlung aufgenommen werden. In Bremen stellte sich das Verhältnis im letzten Berichtsjahre so, daß 235 Frauen mit 3280 Verpflegungstagen verpflegt wurden, wovon 157 mit 2442 Tagen unentgeltlich, 78 mit 838 Tagen gegen volle oder teilweise Bezahlung; das Verhältnis stellte sich also wie 4 zu 1; doch sind auch die Beiträge der zahlenden sehr gering.

Die Entbindungen in den Asylen werden mit Ausnahme von Magdeburg von fest angestellten Haushebammen vorgenommen, denen Nebenpraxis verboten zu sein pflegt; in Elberfeld und Berlin ist dies ausdrücklich ausgesprochen. In Magdeburg, wo die schon erwähnte enge Verbindung des Hebammenvereins mit dem Asylverein besteht, wurde in den ersten Jahren (in den letzten Jahresberichten finden sich hierüber keine Angaben) 70—80 % der Entbindungen durch Vereinsmitglieder vorgenommen; um die Hebammen nicht pekuniär zu schädigen, wurde ihnen hierfür ein angemessenes Honorar und zwar 4 Mk. bei normalen, und 6 Mk. bei Geburten von längerer Dauer aus den Mitteln des Frauenvereins gezahlt; außerdem gewährt der Frauenverein noch einen jährlichen Beitrag zu der Kasse des Hebammenvereins.

Die Pflege im Asyl liegt den Schülerinnen und Vereinspflegerinnen ob. Hier wird durchweg die Erfüllung der von Brennecke so lebhaft betonten doppelten Aufgabe angestrebt, geschulte Persönlichkeiten heranzubilden, die auch außerhalb der Anstalt die Wochenpflege auf einen höheren Stand heben sollen. Doch sind zwei Typen hierbei zu unterscheiden: der eine ist der, daß die ausgebildeten Pflegerinnen, ähnlich wie die Schwestern des Roten Kreuzes und die Angehörigen anderer Pflegerinnenverbände, z. B. der jüdischen Krankenpflegerinnen in Berlin u. dgl. durch den Verein ausgebildet werden und sich danach verpflichten müssen, zur Verfügung des Vereins zu bleiben; dieser sendet sie dann als Pflegerinnen, für die er Garantie übernimmt, aus, zieht die etwa hierfür einkommenden Pflegegelder ein und gewährt den Pflegerinnen selbst ein festes, mit der Dauer der Dienstzeit steigendes Gehalt; die Pflegerinnen sind in einer Genossenschaft verbunden, die in der Vereinsanstalt, wie in einem Mutterhause ihren Mittelpunkt hat. Ausführliche Ordnungen regeln das ganze Sachverhältnis. So liegt die Sache in Magdeburg und Mannheim. Von beiden wird wiederholt bezeugt, wie sehr diese Pflegerinnen Vertrauen im Publikum genössen und ihrer mehr begehrt würden, als gestellt werden können. Doch scheint es sich in Mannheim, dessen Berichte genauere Zahlen geben, nicht in erster Linie um Bedürftige zu handeln, zu denen die Wochenpflegerinnen entsandt werden, da die Einnahmen aus derartiger Pflege in 117 Familien mit 2468 Verpflegungstagen 6200 Mk. betrugen, also mehr als 2.50 Mk. auf den Tag entfallen. Der andere Typus, wie er z. B. in Düsseldorf und Bremen vorherrscht, ist Ausbildung der Wärterinnen, die, nachdem sie das Erforderliche gelernt, entlassen werden und auf ihren Wunsch auch ein Zeugnis erhalten.

Die Kurse dauern zwischen 6 Wochen bis 3 Monat. Regelmäßig ist ein Lehrgeld zu zahlen, gegen das die Unterweisung bei freier Station gewährt wird. Der Schwerpunkt liegt in der genauen Bekanntschaft mit den Grundzügen der Aseptik und Antiseptik, den wichtigsten hygienischen Grundlehren, Handreichungen u. s. w., jedoch in deutlich ausgesprochenem Gegensatz zu der Unterweisung als Hebammen, an die ja auch bestimmte gesetzliche Anforderungen gestellt werden. Sie sollen so weit gelangen, verständige Gehilfinnen des Arztes und der Hebamme sein und nach deren Anweisungen die Wochenpflege üben zu können. Die Ausbildung einer zweiten Kategorie von Pflegerinnen, die man auch mit dem geringern Namen als **Wärterinnen** bezeichnen kann, ist für Berlin vorgesehen. Auch hier soll die Ausbildung in dem Asyl erfolgen, sich jedoch mehr auf gewisse Grundzüge der Reinlichkeit und der Handreichung bei der Wöchnerin und dem Neugeborenen beschränken, nicht sich auf eigentliche Wochenpflege erstrecken. Es werden daher für den Eintritt als Wochenpflegerin andere Anforderungen in Bezug auf Alter, Gesundheit und Persönlichkeit gestellt, als bei der einfachen Wärterin, die im Grunde nur das leisten soll, was eine verständige Mutter und Frau in ihrem Haushalte leisten soll.

Im ganzen tritt aber diese Hauspflegethätigkeit in den Vereinen zurück. Nur in Düsseldorf wird sie von dem katholischen Pflegeverein für arme unbescholtene Wöchnerinnen, der mit dem Asylverein in Verbindung steht, als eine im übrigen von den Aufgaben dieses Vereins gesonderte Aufgabe, dagegen in Bremen als zweiter Gegenstand der Fürsorge neben der Asylpflege von demselben Verein betrieben. In Berlin sehen die Satzungen des Vereins „Wöchnerinnenheim" von vornherein neben der Asylpflege die Entsendung von Hilfspflegerinnen zur Uebung der häuslichen Pflege vor. In Magdeburg ist 1880 ein Versuch gemacht, einige ältere Frauen anzustellen, die gegen freie Kost und 50—75 Pfg. für den Tag die Familie der im Asyl aufgenommenen Wöchnerinnen versehen sollten. „So sehr — heißt es in dem Bericht — derartige Einrichtungen die Vorteile des Wöchnerinnen-Asyls erst recht vervollständigen würden, so hat sie sich doch nicht auf die Dauer gehalten, ist wenigstens selten in Anspruch genommen worden und es mußte auf andere Weise abgeholfen worden. Eine Verbindung der Asylverwaltung mit der Armenverwaltung oder hier bestehenden wohlthätigen Vereinen würde von großem Nutzen sein." In Bremen sind 17 Distrikte gebildet, innerhalb deren die Distriktsvorsteher sowohl in geeigneten Fällen die Aufnahme der Wöchnerinnen in das Asyl vermitteln als auch Anträge auf andere Unterstützung von Wöchnerinnen entgegennehmen. Im letzten Berichtsjahre wurden auf diese Weise Frauen- und Kinderkleidung im Werte von 1844 und Lebens- und Feuerungsmittel im Werte von 3900 Mk. verabfolgt. Eine Hilfsleistung durch Hauspflege ist in den Berichten nicht erwähnt. In Düsseldorf findet der Besuch der Wöchnerinnen in ihren Häusern statt; nötigenfalls werden Pflegefrauen bezahlt und nach Möglichkeit Kinder- und Leibwäsche verabfolgt. Mehr als die Hälfte der gesamten Ausgaben im Betrage von etwa 2500 entfällt auf die Pflegefrauen. Der Berliner Verein möchte nach den bei seiner Begründung (Anfang 1897) ausgesprochenen Absichten für jeden Fall die ihm gebührende Pflege bereit halten. Inwieweit dies gelingen wird, läßt sich selbstverständlich jetzt noch nicht übersehen. Die Gliederung ist nach den Berliner Satzungen dreifach: 1. Asylpflege für bestimmte schwere Fälle oder bei sehr mangelhaften häuslichen Verhältnissen unter Hinzutritt der Hauspflege für die zurückgebliebene Familie während der Dauer des Wochenbettes; 2. Pflege durch eine geschulte Wochenpflegerin während der Dauer des häuslichen Wochenbettes in schwierigen, eine besondere Sorgfalt erfordernden Fällen; 3. Pflege durch eine Hilfspflegerin in normalen Fällen, in denen es sich lediglich darum handelt, der Wöchnerin während einer gewissen Zeitdauer volle Schonung und Ruhe zu ermöglichen. Noch ist zu erwähnen, daß die Asyle in Düsseldorf und Mannheim städtische Zuschüsse von 3000—1500 Mk. erhalten, während die Armenverwaltung von Köln den Asylverein dadurch unterstützt, daß sie die Verhältnisse der Wöchnerinnen durch ihre Beamten feststellen läßt, auch für jeden Geburtsfall, wenn die Wöchnerin arm ist, den Betrag von 5 Mk. vergütet, der sonst an die Armenhebammen hätte gezahlt werden müssen.

Schließlich mag eine kurze Zusammenstellung der Hauptergebnisse die Wirksamkeit der mit Ausnahme von Aachen (dessen Asyl 1885 gegründet wurde) erst verhältnismäßig kurze Zeit bestehenden Asyle (das älteste Asyl in Düsseldorf, ist 1883 begründet worden) veranschaulichen, soweit die Berichte vergleichbare Zahlen enthalten.

Zu	im Jahre	wurden Wöchnerinnen aufgenommen	Kinder geboren	Verpflegungstage
Düsseldorf (176)[1]	1895/96	132	132	1321
Magdeburg (214)	1895	115	114	1560
Bremen (142)	1895	235	215	3280
Karlsruhe (84)	1895	172	170	1699
Köln (322)	1895	390	397	3882
Mannheim (91)	1896	292	291	3214

Die Zahl der Aufnahmen entspricht, wie man sieht, nicht durchaus der Größe der Stadt; Mannheim zeigt bei 91000 Einwohnern mit 292 Aufnahmen die verhältnismäßig stärkste, Magdeburg bei 214000 Einwohnern mit 115 Aufnahmen die verhältnismäßig geringste Frequenz.

II.

In Würdigung der von dem Referenten gemachten Ausführungen und der von mir zu I gegebenen Darlegungen wird man zu folgenden Forderungen gelangen können:

I. **Die Wochenpflege ist insofern Gegenstand der armenpflegerischen Fürsorge, als das Wochenbett infolge beson-**

---

[1] Die eingeklammerte Zahl giebt die Zahl der Einwohner in 1000 an.

derer Umstände Gefahren für das häusliche Leben oder für die Gesundheit der Wöchnerin und des Neugeborenen erzeugen kann.

Die Gefahren bestehen für das häusliche Leben in der Unfähigkeit der Wöchnerin, während der Dauer des Wochenbettes den Hausstand zu führen, für die Gesundheit der Wöchnerin und des Kindes in dem Mangel an Schonung nach überstandener Entbindung. Zur Beseitigung dieser Gefahren haben öffentliche Armenpflege und Privatwohlthätigkeit zusammenzuwirken. Es ist hierbei zu unterscheiden zwischen dem normalen Wochenbett und dem mit Erkrankung der Wöchnerin verbundenen Wochenbett.

1. Normales Wochenbett.

a. Das Wochenbett ist eine unter normalen Verhältnissen in jeder Familie vorauszusehende Erscheinung. Es ist Sache der Familie, für Beseitigung der mit dem Wochenbett verbundenen vorübergehenden Störungen des häuslichen Gleichgewichts, für die sachgemäße Behandlung der Wöchnerin und des Neugeborenen Sorge zu tragen. Der Staat hat für angemessene Ausbildung der Ärzte und der Hebammen zu sorgen und durch Feststellung von Gebührenordnungen und verpflichtende Vorschriften die Bereithaltung von Geburtshilfe sicher zu stellen. Der Mangel an Mitteln zur Bezahlung dieser Hilfe macht die unentgeltliche Gewährung von seiten der öffentlichen Armenpflege notwendig, die durch Vergütung an Ärzte und Hebammen sowohl die Hilfe bei der Entbindung, wie auch eine der Sachlage entsprechende Nachpflege der Wöchnerin und des Neugeborenen sicher zu stellen hat. Es muß dabei Sorge getragen werden, daß Ärzte und Hebammen, auch wenn sie ohne direkten Auftrag der armenpflegerischen Organe in eiligen Fällen Hilfe leisten, hierfür die festgesetzte Gebühr erhalten, sofern die Dringlichkeit des Falles und die Bedürftigkeit der Familie, in der die Entbindung stattgefunden hat, nachgewiesen werden. Auch ist dafür Sorge zu tragen, daß die Hebammen mit den nötigen Mitteln zur Desinfektion unentgeltlich versehen werden.

b. Weitere Hilfe kann notwendig werden in Gestalt von Naturalien, wie Bettzeug für die Wöchnerin und Bekleidung für das Neugeborene, sofern das Einkommen der Familie zur Beschaffung dieser Gegenstände nicht ausreicht. In der Regel wird diese Fürsorge in erster Linie der Privatwohlthätigkeit zu überlassen sein. Es empfiehlt sich durchaus, die Thätigkeit der Frauenvereine, soweit dies noch nicht der Fall ist, auf diese Gegenstände auszudehnen und in größeren Gemeinden, wo ein bedeutenderes Bedürfnis besteht, hierfür besondere Frauenvereine ins Leben zu rufen. Die Organe dieser Vereine haben mit den Ärzten, den Hebammen und den Organen der öffentlichen Armenpflege Hand in Hand zu arbeiten. Wo es sich um dauernd unterstützte Familien handelt, gehört die Ausstattung mit Bettzeug und Kinderwäsche zu den Aufgaben der öffentlichen Armenpflege. Wo Frauenvereine zur Pflege von Wöchnerinnen bestehen, sollte die Ausführung dieser Aufgabe den Organen der Frauenvereine überlassen bleiben.

c. Es ist unbedingt notwendig, daß die Wöchnerin während einer vom Arzt zu bestimmenden Zeit, die in keinem Falle weniger als neun Tage betragen sollte, völlige Bettruhe genießt. Diese Forderung bedingt die Anwesenheit von Personen im Haushalte, die während dieser Zeit den Haushalt führen. Sofern daher nicht Angehörige, erwachsene Töchter, Schwestern, Nachbarinnen und dergleichen sich zur Besorgung des Haushaltes bereit erklären, und sofern auch die Mittel fehlen, um eine fremde Person gegen Entgelt hiermit zu betrauen, ist es notwendig, der Wöchnerin eine Hilfskraft zur Verfügung zu stellen. Solche Hilfskräfte, die als Hilfspflegerin oder Hauspflegerin bezeichnet werden, müssen mit den Anforderungen an Reinlichkeit im Wochenbett vertraut und fähig sein, einen einfachen Haushalt zu führen. Es empfiehlt sich, daß die Wöchnerinnenvereine Frauen einfachen Standes und gesetzten Alters bereit halten, die erforderlichenfalls in das Haus der Wöchnerinnen entsandt werden können. Diesen Pflegerinnen ist eine angemessene Vergütung auf Kosten des Vereins zu gewähren. Mitglieder des Vereins haben die Aufsicht über die Hauspflege zu übernehmen. Im übrigen decken sich die hier zu erfüllenden Aufgaben mit denen einer Hauspflegerin in den Fällen nicht ansteckender Krankheit.

Die Mitwirkung der öffentlichen Armenpflege ist auch hierbei durchaus nicht ausgeschlossen; sie müßte in allen Fällen, in denen es sich um dauernd unterstützte Familien handelt, dem Verein den ganzen Aufwand oder einen Teil zu ersetzen bereit sein.

d. Sofern zwar ein normaler Verlauf des Wochenbettes zu erwarten steht, jedoch der Zustand der Wohnung, die Zahl der vorhandenen Betten, die Zahl der bereits in der Wohnung vorhandenen Kinder oder die Unmöglichkeit, der Wöchnerin die erforderliche Ruhe während des Wochenbettes zu verschaffen, den normalen Verlauf des Wochenbettes zu gefährden geneigt erscheint, ist die Unterbringung der Wöchnerin in ein Wöchnerinnenheim dringend erwünscht. Die Bestrebungen zur Begründung von solchen Heimstätten sind als überaus wertvoll zu begrüßen, ihre Ausdehnung in jeder Weise zu befördern. Stadt und Gemeinde sollten sie in angemessener Art unterstützen, sei es, daß Zuschüsse zu ihrer Unterhaltung gewährt werden, sei es, daß für jeden Fall der Pflege, der nach Sachlage die öffentliche Armenpflege entlastet, eine mit der Armenverwaltung zu vereinbarende Vergütung gezahlt wird. Auch die Errichtung von derartigen Anstalten von seiten der Gemeinde, wie es in Elberfeld geschehen, ist warm zu befürworten. Sofern eine so enge Verbindung der Anstalt mit den Hebammen herbeigeführt werden kann, wie in Magdeburg, ist dies als zeitlicher Fortschritt anzuerkennen. Namentlich wird auf diesem Wege der erfahrungsmäßig bedeutende Widerstand der Hebammen gegen jede in wohlthätiger Absicht unternommene Maßregel der Wöchnerinnenfürsorge am leichtesten überwunden werden. Jedenfalls hat die Heimstätte zugleich Bildungsstätte für Pflegerinnen zu sein, die in der Wochenpflege geschult werden und in die Privathäuser ausgesandt werden können. Die Wochenpflegerin soll weder Ärzte noch Hebammen ersetzen, ihre Thätigkeit vielmehr ergänzen. Kann die Bildung einer Pflegerinnengenossenschaft erreicht werden, die in der Heimstätte ihren Mittelpunkt haben, so ist dies jedenfalls die vor allem anzustrebende, wertvollste Sicherung der Pflegerinnen und damit auch der Wochenpflege selbst; das Magdeburger und Mannheimer System sind durchaus zu empfehlen; nur muß dafür Sorge getragen werden, daß die

Wohlthat solcher Pflege allen Klassen der Bevölkerung zu Teil wird. Die Vergütung im Einzelfalle ist nach der Vermögenslage der Familie, in denen Wochenpflege stattfindet, abzustufen und unter Umständen ganz zu erlassen.

e. Sofern eine Wöchnerin in die Heimstätte aufgenommen wird, ist von seiten des aufnehmenden Vereins bezw. der Armenverwaltung festzustellen, ob ein Bedürfnis vorliegt, sich des Hausstandes anzunehmen oder ob für diesen in anderer, ausreichender Weise gesorgt ist. Um die Wöchnerin zum Eintritt in die Anstalt zu bewegen und sie zu veranlassen, dort auch in voller Ruhe das Wochenbett abzuwarten, ist es unbedingt erforderlich, sie von der Sorge um ihr eigenes Hauswesen zu entlasten. Dies geschieht durch Entsendung einer Hauspflegerin, die einen einfachen Haushalt zu führen fähig sein muß. Wichtig ist hier namentlich die Auswahl moralisch würdiger Persönlichkeiten und die Uebung der Aufsicht während der Dauer der Abwesenheit der Frau. Im übrigen gilt hier das zu c gesagte.

2. **Nicht normales Wochenbett.**

Der nicht normale Verlauf des Wochenbettes kann in der Regel nicht vorher gesehen werden; wenigstens sind die Fälle, in denen die körperliche Beschaffenheit der Schwangeren oder die Lage des Kindes einen nicht normalen Verlauf voraussehen lassen, verhältnismäßig nicht zahlreich. Es wird sich also meistens darum handeln, nach der Entbindung eine dem Verlaufe des Wochenbettes entsprechende pflegerische Fürsorge eintreten zu lassen und in den vorauszusehenden Fällen sich rechtzeitig zu entscheiden, ob die Entbindung in der Wohnung oder in einer Heimstätte für Wöchnerinnen vorgenommen werden soll. Für den letzten Fall gilt das zu c gesagte, während für den anderen Fall die Entsendung einer geschulten Wochenpflegerin notwendig ist, die zugleich nach dem Haushalte zu sehen vermag. Macht sich dies Bedürfnis erst nach der Entbindung geltend, so wird je nach den Umständen die Ueberbringung der Wöchnerin in eine Pflegestätte oder die Entsendung einer Wochenpflegerin sich als erforderlich erweisen. In dem einen oder anderen Falle kommt das zu c und e Gesagte in Anwendung.

3. **Erholung nach dem Wochenbett.**

Das Wochenbett erfordert in der Regel eine Bettruhe von 9 bis 12 Tagen. Wenn infolge besonderer Schwäche oder infolge von Krankheit die Gesundheit der Wöchnerin gefährdet sein würde, sofern sie schon nach Ablauf dieses Zeitraums wieder zur Führung des Haushalts oder zur Erwerbsthätigkeit zurückkehrte, bedarf es der weiteren ausgedehnten Ruhe und Schonung. Sie kann in dreifacher Weise stattfinden. Entweder durch Fortsetzung der Hauspflege, sodaß die Wöchnerin zwar in ihrer Wohnung bleibt, aber die Führung des Haushaltes noch weiter von der Hauspflegerin besorgt wird, oder durch Verlängerung des Aufenthalts in der Heimstätte, sofern sie dort ihre Entbindung durchgemacht hat, mit gleichzeitiger Verlängerung einer etwaigen Hauspflege oder drittens durch Eintritt der Wöchnerin in eine besondere Genesungsstätte. Die Errichtung solcher Genesungsstätten ist jedenfalls zu befürworten; doch bildet es die Voraussetzung ihrer Benutzung, daß die Wöchnerin in gleicher Weise wie vor dem Eintritt in die Pflegestätte sich versichert halten kann, daß ihr Hauswesen in ordnungsmäßiger

Weise besorgt wird, daß also Mangels anderer geeigneter Persönlichkeiten eine Hauspflegerin die Führung des Haushaltes während ihrer Abwesenheit besorgt.

4. **Zusammenwirken der verschiedenen Organe der Armenpflege und Wohlthätigkeit.**

Voraussetzung der Anwendung der verschiedenen Mittel der Wöchnerinnenfürsorge ist selbstverständlich die Bedürftigkeit der Wöchnerin bezw. der Familie, der sie angehört. Nur wird der Begriff der Bedürftigkeit hier nicht zu eng zu fassen sein. Es braucht sich nicht immer um vollständige Mittellosigkeit zu handeln. Vielfach ist eine Familie dieser besonderen Fürsorge auch schon dann bedürftig, wenn sie im übrigen zwar für ihren Unterhalt sorgen kann, jedoch die räumliche Beschränktheit der Wohnung die Abhaltung des Wochenbettes sehr erschwert. Dann wird selbst eine gegen mäßige Zahlung gewährte Hilfe durch Aufnahme in eine Heimstätte als Wohlthat empfunden. Sofern daher wie in Elberfeld eine mäßige Vergütung — zur Zeit 1,25 Mk. für den Tag — gefordert wird, die nach Umständen noch ermäßigt oder ganz erlassen werden kann, wird dadurch der Charakter der Anstalt als einer wohlthätigen Einrichtung nicht verändert. Es empfiehlt sich durchaus, wegen regelmäßiger Zuweisung von Wöchnerinnen mit Krankenkassen in Verbindung zu treten, die Wöchnerinnen-Unterstützung gewähren.

Im übrigen sollten thunlichst alle Maßregeln der Wöchnerinnen-Fürsorge, auch wenn sie von verschiedenen Organen, wie Gemeinden und Vereinen ausgehen, durch dieselben Personen zur Ausführung gelangen; wo daher die Armenverwaltung wie in Elberfeld, eine Pflegstätte unterhält, empfiehlt es sich durchaus, daß die Verwaltung mit dem Frauenverein in Verbindung tritt, um eine Hauspflege zu ermöglichen. Wo, wie in Berlin oder Düsseldorf, mehrere Vereine bestehen, die sich der Wöchnerinnenfürsorge annehmen, ist eine Verständigung untereinander durchaus notwendig, sodaß Maßregeln, wie Entsendung einer Wochenpflegerin von der einen Seite und die Hergabe von kräftiger Nahrung, von Bettzeug und Kinderwäsche und dergleichen von der anderen Hand in Hand gehen. Sehr wesentlich wird überall, wo eine durch barmherzige Schwestern oder Diakonissen geübte Gemeindepflege besteht, eine Verständigung mit diesen sein. Unter der Voraussetzung einer hierfür ausreichenden Organisation ist ein Vorgehen empfehlenswerth, wie es der Berliner Verein "Wöchnerinnen-Heim" befolgt, indem er satzungsgemäß die Wochen- und Hilfspflegerinnen unter die Aufsicht der Gemeindeschwestern stellt, da diesen von seiten der Gemeindepflege und meistens auch von seiten anderweitiger Privatwohlthätigkeit Mittel für diesen Zweck zur Verfügung stehen, und da sie die Hauspflege ohnehin zu ihrer Hauptaufgabe gemacht haben.

III.

In Uebereinstimmung mit dem Referenten empfehle ich die Annahme folgender Leitsätze:

1. Die Pflege bedürftiger Wöchnerinnen hat in höherem Maße als bisher Gegenstand fürsorgender Thätigkeit zu sein, an der sich öffentliche Armenpflege und freie Liebesthätigkeit in wechselseitigem Verständnis zu be-

teiligen haben. Von besonderem Werte ist hierbei die noch erheblicher Ausdehnung fähige weibliche Hilfsthätigkeit.

2. Die Besserung der Wochenpflege beruht in erster Linie auf Besserung der Hebammen-Verhältnisse und Belehrung der Bevölkerung über die Bedeutung der Wochenhygiene.

3. Im übrigen ist für bedürftige Wöchnerinnen sachkundige Pflege neben der eigentlichen Geburtshilfe sicher zu stellen und je nach Sachlage durch Gewährung von Hauspflege zu ergänzen.

4. In Fällen, in denen eine Wöchnerin wegen Eintritts in eine Pflegestätte ihre Familie verlassen muß und kein Ersatz für ihre häusliche Thätigkeit vorhanden ist, muß die Besorgung des Haushalts durch eine Hauspflegerin erfolgen; in Fällen, in denen die Entbindung in der eigenen Wohnung stattfindet, ist für Wochenpflege und Hauspflege zugleich in normalen Fällen durch eine Hauspflegerin, in nicht normalen Fällen durch eine geschulte Wochenpflegerin Sorge zu tragen.

5. Der Wöchnerin muß jedenfalls eine Zeit der Bettruhe von 9—12 Tagen ermöglicht werden, die unter Umständen durch Fortsetzung der Hauspflege oder durch Aufnahme in eine Pflegestätte oder in ein Genesungsheim, in den beiden letzten Fällen unter Fortsetzung der Hauspflege für die Familie, auf den nach ärztlichem Ermessen zur völligen Wiederherstellung der Kräfte erforderlichen Zeitraum auszudehnen ist.

Printed by Libri Plureos GmbH
in Hamburg, Germany